新・歴史人物伝

徳川家康

著◎松田朱夏
絵◎RICCA

それらと向《む》かい合《あ》う形《かたち》で、西軍《せいぐん》の将《しょう》たちも布陣《ふじん》している。

関ヶ原《せきがはら》に着《つ》いたのは西軍《せいぐん》の方《ほう》が早《はや》かった。有利《ゆうり》な高台《たかだい》はすべて西軍《せいぐん》に押《お》さえられている。

中《なか》でも、三成《みつなり》は、盆地《ぼんち》を一望《いちぼう》出来《でき》る笹尾山《ささおやま》に陣《じん》を張《は》っていると聞《き》く。

「数《かず》でも勝《まさ》り、布陣《ふじん》も有利《ゆうり》。秀忠《ひでただ》の軍《ぐん》を足止《あしど》めし、もはや勝《か》ったと思《おも》っておるなら、
それは甘《あま》いぞ、三成《みつなり》よ」

何《なに》よりも——戦《いくさ》は生《い》き物《もの》。始《はじ》まってみないとわからぬものよ。


（本文155Pより）

一　三河《みかわ》の小《こ》せがれ

1　桶狭間《おけはざま》の戦《たたか》い

暑《あつ》い日《ひ》だった。

梅雨《つゆ》入《い》りが遅《おそ》く晴天続《せいてんつづ》きで、ずいぶん水《みず》かさが減《へ》った安倍川《あべかわ》の河原《かわら》に、流《なが》れを挟《はさ》んでたくさんの子《こ》どもたちが集《あつ》まっている。農民《のうみん》の子《こ》も、下級武士《かきゅうぶし》の子《こ》も入《い》り交《ま》じって、みな足元《あしもと》から手頃《てごろ》な大《おお》きさの石《いし》を拾《ひろ》い集《あつ》めていた。

「放《はな》てーっ！」

やがて、年長《ねんちょう》の子《こ》どものかけ声《ごえ》で、両岸《りょうぎし》からいっせいに石《いし》が飛《と》びかいはじめる。

五月五日《がつか》（旧暦《きゅうれき》。今《いま》の六月半《がつなか》ばごろ）の端午《たんご》の節句《せっく》に行《おこな》われる、恒例《こうれい》の石合戦《いしがっせん》だった。

「やれやれーっ！」

「どうしたどうした！」

土手《どて》の上《うえ》から見下《みお》ろしているおとなたちが、てんでに野次《やじ》を飛《と》ばす。田植《たう》えも終《お》わって、農民《のうみん》たちも一息《ひといき》ついているこの季節《きせつ》、この石合戦《いしがっせん》は、彼《かれ》らの数少《かずすく》ない娯楽《ごらく》でもあった。

「やあ、これはこちらの組《くみ》は不利《ふり》だなあ。あまりにも人数《にんずう》が違《ちが》いすぎる」

少《すこ》し離《はな》れたところで見物《けんぶつ》していた、四、五人《にん》の武家《ぶけ》の子《こ》どもたちの中《なか》から、そんな声《こえ》が上《あ》がった。

確《たし》かに、向《む》こう岸《ぎし》の組《くみ》の方《ほう》がずいぶんと数《かず》が多《おお》い。こちらの岸《きし》の方《ほう》は、ようやく半分《はんぶん》ほどのように見《み》える。

「これでは、すぐに決着《けっちゃく》がつくだろうな」

ひとりがつぶやくと、周《まわ》りの子《こ》どもたちもうんうんとうなずく。

「いや、わたしは、こちらの組《くみ》が勝《か》つと思《おも》う」

そうきっぱりと言《い》ったのは、彼《かれ》らの中《なか》で一番小《いちばんちい》さな——おそらくまだ十歳《さい》ほどと思《おも》われる男児《だんじ》だった。ひとりだけ上等《じょうとう》の着物《きもの》を着《き》ているところをみると、彼《かれ》がこの一行《いっこう》の主君《しゅくん》なのだろう。

「どうしてです、竹千代《たけちよ》さま」

不思議《ふしぎ》そうに聞《き》き返《かえ》され、竹千代《たけちよ》、と呼《よ》ばれた男児《だんじ》は、丸顔《まるがお》にどんぐり眼《まなこ》を見開《みひら》いて、得意《とくい》げに胸《むね》を張《は》った。

「よく見《み》てみよ。人数《にんずう》の多《おお》いあちらの組《くみ》は、そのことに頼《たよ》りすぎて、ひとりひとりは遊《あそ》び半分《はんぶん》ではないか。こちらはみな真剣《しんけん》に、きちんと狙《ねら》って投《な》げておる」

竹千代《たけちよ》の言《い》うとおりだった。人数《にんずう》の少《すく》ないこちらの岸《きし》から投《な》げられる石《いし》は、ひとつひとつが鋭《するど》く、確実《かくじつ》に、向《む》こう岸《ぎし》の子《こ》どもたちに当《あ》たっている。

しばらくして、勝敗《しょうはい》は決《けっ》した。向《む》こうの組《くみ》の大将《たいしょう》を務《つと》めていた年長《ねんちょう》の子《こ》どもが、まともに顔《かお》につぶてを食《く》らってしゃがみこむと、他《ほか》の大勢《おおぜい》も、ひとり、またひとりと戦意《せんい》を失《うしな》い、小《ちい》さい子《こ》どもは泣《な》きだして、やがてバラバラに逃《に》げ散《ち》っていってしまった――……。

＊

バラララ……バララララ……という激《はげ》しい音《おと》で、若者《わかもの》は、ハッと飛《と》び起《お》きた。

「これは何《なん》の音《おと》だ。石《いし》つぶてか!?」

金泥塗《こんでいぬ》りの具足《ぐそく》（鎧《よろい》）姿《すがた》のまま、脇息《きょうそく》にうちかかってうたた寝《ね》していたのだ。かたわらに置《お》いた兜《かぶと》と脇差《わきざし》をつかみ、身《み》を起《お》こそうとする彼《かれ》を、側《そば》に控《ひか》えていた数人《すうにん》の家臣《かしん》たちが、少《すこ》し笑《わら》いながら止《と》めた。

「ご心配《しんぱい》なく。雨音《あまおと》でございます」

「先《さき》ほどより急《きゅう》に、激《はげ》しく降《ふ》りだしまして――中《なか》に大《おお》きな雹《ひょう》が混《ま》じっておるのですよ」

なるほど、顔《かお》を上《あ》げると、縁《えん》の向《む》こうの庭先《にわさき》は激《はげ》しい雨《あめ》に白《しろ》く霞《かす》んでいた。まだ昼《ひる》を半《はん》時《とき》（約《やく》一時間《じかん》）ほど回《まわ》っただけだろうに、ひどく薄暗《うすぐら》いのはそのせいらしい。

空《そら》から滝《たき》のように降《ふ》り注《そそ》ぐ氷混《こおりま》じりの雨《あめ》に、兵《へい》たちも、外《そと》につないだ馬《うま》を屋根《やね》のある場《ば》所《しょ》に引《ひ》き入《い》れるやら、旗指物《はたさしもの》を取《と》り入《い》れるやらで、大騒《おおさわ》ぎしている。

ここは、尾張国《おわりのくに》（愛知県西部《あいちけんせいぶ》）の東《ひがし》。大高城《おおだかじょう》と呼《よ》ばれる小《ちい》さな城《しろ》だった。

若者《わかもの》の名《な》は、松平元康《まつだいらもとやす》。今年《ことし》、数《かぞ》えで十九歳《さい》になった、三河松平家《みかわまつだいらけ》の当主《とうしゅ》である。

松平家《まつだいらけ》は、古《ふる》くから三河《みかわ》（愛知県東部《あいちけんとうぶ》）に勢力《せいりょく》を持《も》つ一族《いちぞく》だった。一度《いちど》は三河一帯《みかわいったい》を統《とう》一《いっ》したが、元康《もとやす》の父《ちち》・広忠《ひろただ》の代《だい》に力《ちから》を失《うしな》い、今《いま》は駿河《するが》・遠江《とおとうみ》（静岡県《しずおかけん》）の大大名《だいだいみょう》・今川家《いまがわけ》の庇護下《ひごか》に入《はい》っている。

元康《もとやす》も、竹千代《たけちよ》と呼《よ》ばれていた幼《おさな》いころから、松平《まつだいら》の忠義《ちゅうぎ》を示《しめ》すための人質《ひとじち》として、今《いま》川《がわ》の当主《とうしゅ》・義元《よしもと》の元《もと》で育《そだ》った。そして今《いま》、家臣《かしん》の三河武士《みかわぶし》たちを引《ひ》き連《つ》れ、今川軍《いまがわぐん》の先鋒《せんぽう》を預《あず》かって、尾張《おわり》の織田《おだ》との戦《いくさ》に挑《いど》んでいるところだ。

「ものすごい雹《ひょう》だな。まこと、石《いし》つぶてのようだ」

元康《もとやす》は、縁側《えんがわ》まで歩《あゆ》み出《で》て、みるみるうちに庭《にわ》に溜《た》まっていく濁《にご》った氷《こおり》の塊《かたまり》を見《み》やった。

板葺《いたぶ》きの屋根《やね》を打《う》ち抜《ぬ》かんばかりに降《ふ》り注《そそ》ぎ、雨水《あまみず》とともになだれ落《お》ちてくるそれは、河《かわ》の流《なが》れにもまれる丸《まる》い石《いし》にも似《に》て、元康《もとやす》に、ずっと昔《むかし》、安倍川《あべかわ》の河原《かわら》で見《み》た、子《こ》どもたちの石合戦《いしがっせん》を思《おも》いださせた。

「そうか。それであんな夢《ゆめ》を見《み》たのだな」

元康《もとやす》はそうつぶやきながら、雨《あめ》に霞《かす》む向《む》かい側《がわ》の小山《こやま》へ目《め》を細《ほそ》めた。

「太守《たいしゅ》さまは、もうあの向《む》こうあたりに来《き》ておられるはずだが……」

永禄《えいろく》三年《ねん》（一五六〇年《ねん》）五月《がつ》十九日《にち》。

元康《もとやす》の率《ひき》いる先発隊《せんぱったい》は、昨夜《さくや》から今朝《けさ》にかけて、川向《かわむ》こうにある織田方《おだがた》の丸根砦《まるねとりで》を攻《せ》め落《お》とし、今川方《いまがわがた》の最前線《さいぜんせん》に当《あ》たるこの大高城《おおだかじょう》に兵糧《ひょうろう》を運《はこ》びこんだ。そして、人馬《じんば》を休《やす》ませながら、太守《たいしゅ》・今川義元《いまがわよしもと》の下知《げち》を待《ま》っているのである。

「先《さき》ほど使《つか》いが参《まい》りまして、太守《たいしゅ》さまの本隊《ほんたい》五千《せん》は、桶狭間山《おけはざまやま》のふもとの窪地《くぼち》にて休息《きゅうそく》を取《と》られているとのことです」

もう十年《ねん》あまりもの間《あいだ》、元康《もとやす》に付《つ》き従《したが》っている年長《ねんちょう》の家臣《かしん》・酒井忠次《さかいただつぐ》が言《い》う。

「そうか。この雨《あめ》では動《うご》くに動《うご》けまいな」

「丸根砦《まるねとりで》を落《お》とした殿《との》のお働《はたら》きを聞《き》き、太守《たいしゅ》さまはいたくご機嫌《きげん》であったとのこと。そもそもこちらは総勢《そうぜい》二万《まん》五千《せん》の大軍《たいぐん》、尾張《おわり》のうつけなど恐《おそ》るるに足《た》らずと笑《わら》っておいでだったそうでございます」

「………」

なぜか元康《もとやす》は、不吉《ふきつ》な予感《よかん》を覚《おぼ》えた。

『人数《にんずう》の多《おお》いあちらの組《くみ》は、そのことに頼《たよ》りすぎて、ひとりひとりは遊《あそ》び半分《はんぶん》ではないか。こちらはみな真剣《しんけん》に、きちんと狙《ねら》って投《な》げておる』

あの時《とき》の自分《じぶん》の言葉《ことば》が、ひどくはっきりと思《おも》いだされた。

義元《よしもと》の言《い》う「尾張《おわり》のうつけ」とは、織田《おだ》の当主《とうしゅ》・信長《のぶなが》の、若《わか》いころのあだ名《な》である。

確《たし》かに、そのころの信長《のぶなが》は、だらしない格好《かっこう》で遊《あそ》び歩《ある》き、奇妙《きみょう》なふるまいも多《おお》かった。

だが、家督《かとく》を継《つ》いでからの信長《のぶなが》が、恐《おそ》るべき手腕《しゅわん》で一族《いちぞく》の争《あらそ》いを制《せい》し、尾張《おわり》を統一《とういつ》したのは誰《だれ》もが知《し》ることだ。

「殿《との》。また爪《つめ》をかんでおられますな」

忠次《ただつぐ》がとがめた。不安《ふあん》な時《とき》、考《かんが》え事《ごと》をする時《とき》、いらいらした時《とき》、爪《つめ》をかむのは元康《もとやす》のくせだった。

「……おさまってきたな」

ごまかすように、元康《もとやす》は外《そと》に視線《しせん》を向《む》けた。あれほど激《はげ》しく屋根《やね》を叩《たた》いていた雨《あめ》は、もう小止《こや》みになってきた。空《そら》も明《あか》るくなっている。

「じきに、使《つか》いも参《まい》りますでしょう」

「うむ。どのようなお下知《げち》があっても動《うご》けるように、みなに申《もう》し渡《わた》しておいてくれ」

「心得《こころえ》ました」

忠次《ただつぐ》は、一礼《いちれい》すると、二《に》の丸《まる》の方《ほう》へと下《さ》がっていった。


だが、夏至間近《げしまぢか》の高《たか》い日《ひ》がようやく西《にし》の空《そら》に傾《かたむ》いたころ、大高城《おおだかじょう》に届《とど》いたのは、誰《だれ》もが予想《よそう》しなかった知《し》らせだった。

「織田信長《おだのぶなが》の急襲《きゅうしゅう》にあい、本陣《ほんじん》は総崩《そうくず》れ！　義元公《よしもとこう》も討《う》ち死《じ》になされたとのこと！」

「なんだと⁉　それはまことか⁉」

城内《じょうない》は騒然《そうぜん》となった。

信長《のぶなが》は、さっきの豪雨《ごうう》に紛《まぎ》れて義元《よしもと》の本陣近《ほんじんちか》くに兵《へい》を進《すす》め、雨《あめ》が止《や》むやいなや、一気《いっき》に突撃《とつげき》してきたらしい。

「一帯《いったい》は血《ち》の海《うみ》、屍《しかばね》が川《かわ》を埋《う》め、地獄絵図《じごくえず》でございます！　生《い》き残《のこ》った名《な》のある武将方《ぶしょうがた》は兵《へい》をまとめ、はや駿府《すんぷ》への道《みち》を引《ひ》き返《かえ》されたごようす！」

ようすを見《み》にやった兵《へい》たちからも、次々《つぎつぎ》と報告《ほうこく》が届《とど》く。

「織田方《おだがた》の兵《へい》は見《み》えませぬが、いずれにせよ、我《われ》らは敵地《てきち》に取《と》り残《のこ》されたも同然《どうぜん》かと！」

「……まことか⁉　まことに太守《たいしゅ》さまは討《う》ち死《じ》になされたのか⁉　もし生《い》きておいでなら、ここに逃《に》げてこられるかもしれぬ！　ここを退《しりぞ》くわけにはいかぬ！」

元康《もとやす》は、動揺《どうよう》する家臣《かしん》たちに必死《ひっし》に叫《さけ》んだ。

だが、夕闇《ゆうやみ》が迫《せま》りはじめたころには、決定的《けっていてき》な知《し》らせが届《とど》く。

義元《よしもと》は、混戦《こんせん》から離脱《りだつ》の途中《とちゅう》で信長《のぶなが》の馬廻衆《うままわりしゅう》（主《あるじ》の周囲《しゅうい》を守《まも》る精鋭部隊《せいえいぶたい》）に追《お》いつかれ、首《くび》を取《と》られたとのことだった。

「殿《との》！　もはや猶予《ゆうよ》はなりませぬ。城《しろ》を捨《す》て、三河《みかわ》に戻《もど》りましょう！」

「ああ……そうだな……」

呆然《ぼうぜん》となりながら、元康《もとやす》はうなずいた。息《いき》を詰《つ》めて主君《しゅくん》の決断《けつだん》を待《ま》っていた家臣《かしん》たちが、わっと散《ち》っていく。

ああ――本当《ほんとう》にあの、石合戦《いしがっせん》のようになってしまった。
元康《もとやす》は、まるで、まだ夢《ゆめ》の続《つづ》きを見《み》ているような気持《きも》ちで、家臣《かしん》らにせかされるまま、城《しろ》を後《あと》にした。

＊

「……これから、どうすればよいのだろう……」

元康《もとやす》は、薄暗《うすぐら》い寺《てら》の本堂《ほんどう》で、ようやく具足《ぐそく》を外《はず》しながらつぶやいた。

ここは、三河岡崎城《みかわおかざきじょう》の北《きた》、一里《り》（約《やく》四キロメートル）足《た》らずのところにある大樹寺《だいじゅじ》だ。

夜《よ》どおし東海道《とうかいどう》を東《ひがし》へ東《ひがし》へとひたすら歩《ある》き通《とお》し、橋《はし》のない矢作川《やはぎがわ》を越《こ》え、この松平家《まつだいらけ》の菩提寺《ぼだいじ》に逃《に》げこんだ時《とき》には、もう空《そら》は白《しら》みはじめていた。

織田《おだ》の追《お》っ手《て》は見《み》えなかったが、道《みち》の端々《はしばし》には、先《さき》に退《しりぞ》いた今川軍《いまがわぐん》に取《と》り残《のこ》された負傷兵《ふしょうへい》や、野盗《やとう》に身《み》ぐるみはがされた無惨《むざん》な死体《したい》がいくつも転《ころ》がっていた。元康《もとやす》の配下《はいか》のものたちも、丸根砦《まるねとりで》攻《ぜ》めで傷《きず》を負《お》ったものなどは、この急《きゅう》な行軍《こうぐん》についてこれず、どこかで力尽《ちからつ》きているだろう。

普段《ふだん》は静《しず》かな寺《てら》の境内《けいだい》に、疲《つか》れ果《は》てた何十《なん》もの兵《へい》たちがあちこちに座《すわ》りこんでいた。僧《そう》侶《りょ》や小坊主《こぼうず》たちが、彼《かれ》らに水《みず》や食《た》べ物《もの》を配《くば》って回《まわ》っている。

元康《もとやす》は、いてもたってもいられなくなり、うろうろと歩《ある》き回《まわ》った。

「あっ、正信《まさのぶ》。おまえ、怪我《けが》をしていたのか」

本堂《ほんどう》に上《あ》がる階《かい》の下《した》に槍《やり》を抱《かか》えて座《すわ》っていたのは、近侍《きんじ》のひとりの本多正信《ほんだまさのぶ》だった。投《な》げだした右足《みぎあし》に布《ぬの》が巻《ま》かれてあり、それがどす黒《ぐろ》い血《ち》で染《そ》まっている。

「丸根砦《まるねとりで》攻めで矢《や》を受《う》けまして……」

元康《もとやす》より四つばかり年上《としうえ》の正信《まさのぶ》は、無理《むり》に笑《わら》った。

「どうにもわたしは、戦《いくさ》には向《む》いておりませぬようで……この足《あし》は治《なお》りそうもありませぬし、元通《もとどお》りの鷹匠《たかじょう》に戻《もど》った方《ほう》がよいかもしれませぬ」

正信《まさのぶ》は、松平《まつだいら》に代々仕《だいだいつか》える本多《ほんだ》一族《いちぞく》の中《なか》では末流《まつりゅう》に当《あ》たり、最初《さいしょ》は鷹匠《たかじょう》をしていた。そして、鷹狩《たかが》り好《ず》きな元康《もとやす》としょっちゅう顔《かお》を合《あ》わせるうちに親《した》しくなったのだ。

「何《なに》を言《い》う。そなたは頭《あたま》がよいのだから、ただの鷹匠《たかじょう》にしておくのは惜《お》しいと思《おも》ったゆえ、身近《みぢか》に取《と》り立《た》てたのだ。戦《いくさ》に出《で》れずとも、吏僚《りりょう》（文官《ぶんかん》）としての道《みち》を探《さが》してやる」

言《い》いながら、元康《もとやす》はハッとなった。

「……今《いま》はそれどころではない、な……この先《さき》のことなど……」

「殿《との》、こちらでお休《やす》みください」

いつの間《ま》にか、酒井忠次《さかいただつぐ》が側《そば》に立《た》っていた。うながされるまま、元康《もとやす》は本堂《ほんどう》の中《なか》に戻《もど》り、白湯《さゆ》の椀《わん》を受《う》け取《と》りながら板間《いたま》にへたりこむ。

「どうしよう……目《め》と鼻《はな》の先《さき》で戦《いくさ》があったことにも気《き》づかず、敵《てき》に一矢《いっし》も報《むく》いぬまま、ただむざむざと逃《に》げ戻《もど》ってきたことが、今《いま》になって恐《おそ》ろしくなってきた——わたしもここで太守《たいしゅ》さまの追《お》い腹《ばら》を切《き》るべきだろうか……」

「殿《との》！　なにをおっしゃいます！」

忠次《ただつぐ》は驚《おどろ》いたように目《め》を見開《みひら》く。

「我《われ》ら三河衆《みかわしゅう》には、殿《との》がそこまでされるほどの今川《いまがわ》への義理《ぎり》などございません！」

「そうだそうだ！」

あたりにいた他《ほか》の家臣《かしん》たちも集《あつ》まってきた。みな、本多《ほんだ》、大久保《おおくぼ》など、代々松平《だいだいまつだいら》の家《いえ》に仕《つか》えている家《いえ》の者《もの》どもだ。

「よくお考《かんが》えなされ。殿《との》はわずか八歳《さい》のみぎりより今日《こんにち》まで、人質《ひとじち》として今川《いまがわ》でご苦労《くろう》なされたではありませぬか」

「さよう、あの義元《よしもと》めは、殿《との》の身《み》を案《あん》じて我《われ》らが逆《さか》らえぬのをいいことに、常《つね》に我《われ》ら三河《みかわ》の者《もの》どもを戦《いくさ》の先鋒《せんぽう》に使《つか》い倒《たお》して、ほくそえんでおったのです」

もはや、誰《だれ》も「太守《たいしゅ》さま」とは呼《よ》ばず、義元《よしもと》、と呼《よ》び捨《す》てにしている。

「岡崎《おかざき》の城《しろ》も、元《もと》は松平《まつだいら》のもの。本来《ほんらい》なら殿《との》が継《つ》ぐべきお城《しろ》でございます。それを、なんのかんのと理屈《りくつ》をつけて、今川《いまがわ》の家臣《かしん》を城代《じょうだい》として送《おく》りこみ、三河《みかわ》をあたかも元《もと》から自分《じぶん》たちのものであるかのように！」

「殿《との》！　いっそこのまま岡崎《おかざき》の城《しろ》を奪《うば》い返《かえ》しましょう！」

そう言《い》ったのは、この戦《いくさ》が初陣《ういじん》だった本多忠勝《ほんだただかつ》だった。正信《まさのぶ》と同《おな》じ本多《ほんだ》の一族《いちぞく》だが、彼《かれ》は本流《ほんりゅう》の出身《しゅっしん》だ。元服《げんぷく》したばかりの十三歳《さい》が、その大作《おおづく》りな顔《かお》を真《ま》っ赤《か》にして身《み》を乗《の》りだすと、同《おな》じように血《ち》の気《け》の多《おお》い若者《わかもの》たちが、そうだそうだと気勢《きせい》を上《あ》げる。

「いや、それはならん」

爪《つめ》をかみながら考《かんが》えていた元康《もとやす》は、彼《かれ》らを押《お》しとどめた。

「太守《たいしゅ》さまが亡《な》くなられたとはいえ、駿府《すんぷ》（静岡県静岡市《しずおかけんしずおかし》）にはご嫡男《ちゃくなん》の氏真《うじざね》さまがおいでだ。勝手《かって》なことをしてはのちのちおとがめがあるかもしれぬ」

「なーにを。あのボンクラ氏真《うじざね》に何《なに》が出来《でき》ますものか」

家臣《かしん》たちから失笑《しっしょう》が漏《も》れる。元康《もとやす》はため息《いき》をつき、彼《かれ》らの顔《かお》を見渡《みわた》した。

「そなたらの気持《きも》ちはよくわかる。裏切《うらぎ》り・下克上《げこくじょう》が当《あ》たり前《まえ》のこの戦国《せんごく》の世《よ》で、城《しろ》もなき形《かたち》だけの領主《りょうしゅ》のわたしに尽《つ》くし続《つづ》けてくれること、まことありがたく思《おも》う。だが、それだからこそ、ここで手《て》をあやまってはならんのだ。そなたらの家族《かぞく》もまだみな駿府《すんぷ》にいるではないか」

家臣《かしん》たちはやっと静《しず》かになった。そういう元康《もとやす》自身《じしん》の妻子《さいし》も駿府《すんぷ》にいることを思《おも》いだしたのだ。

元康《もとやす》は元服《げんぷく》と同時《どうじ》に、義元《よしもと》の姪《めい》にあたる瀬名姫《せなひめ》を正室《せいしつ》に迎《むか》えており、男女《だんじょ》ひとりずつの子《こ》どもにも恵《めぐ》まれている。家臣《かしん》たちの家族《かぞく》も含《ふく》め、それは今川《いまがわ》に人質《ひとじち》にとられているようなものなのだ。

金色《きんいろ》に輝《かがや》く阿弥陀如来《あみだにょらい》の像《ぞう》が、疲《つか》れきった元康《もとやす》らを静《しず》かに見下《みお》ろしている。元康《もとやす》は仏像《ぶつぞう》に手《て》を合《あ》わせながら、松平《まつだいら》の祖先《そせん》たちに語《かた》りかけた。

(三河《みかわ》を統一《とういつ》された勇敢《ゆうかん》なる祖父上《そふうえ》。六つの時《とき》に別《わか》れたまま、二度《にど》とお会《あ》いすることもなく亡《な》くなられた父上《ちちうえ》。わたしに道《みち》をお示《しめ》しくださいーー)

「元康《もとやす》さま。迷《まよ》っておられるようですな」

そこへこの寺《てら》の住職《じゅうしょく》の登誉《とうよ》が、静《しず》かに声《こえ》をかけてきた。

「今《いま》しばらくようすを見《み》ることに、この和尚《おしょう》も賛成《さんせい》でございます。ここは慎重《しんちょう》であっても間違《まちが》いはございますまい」

「……わたしは慎重《しんちょう》なのではない。臆病《おくびょう》なのだ」

元康《もとやす》は自信《じしん》のない笑顔《えがお》を浮《う》かべた。

「幼《おさな》いころから人質《ひとじち》で苦労《くろう》した、などというが、実《じつ》のところ、太守《たいしゅ》さまは、わたしにはずいぶんよくしてくださった。今川《いまがわ》の軍師《ぐんし》でもあった太原雪斎《たいげんせっさい》さまを師《し》として学《まな》ぶことを許《ゆる》され、秘蔵《ひぞう》の姪御《めいご》であった瀬名《せな》を妻《つま》にいただき――」

「それは、殿《との》を今川《いまがわ》の忠実《ちゅうじつ》な家臣《かしん》にしたいという策謀《さくぼう》でございます」

酒井忠次《さかいただつぐ》が苦々《にがにが》しく言《い》う。元康《もとやす》は苦笑《くしょう》した。

「そのとおり。その甲斐《かい》あって、出来上《できあ》がったのがこの臆病者《おくびょうもの》だ。十七の年《とし》の初陣《ういじん》以来《いらい》、大《おお》きな負《ま》けもなくきたが、それはしょせん、太守《たいしゅ》さまのご威光《いこう》の下《もと》でのこと。今《いま》はもう、ただこの先《さき》どうなるのかと震《ふる》えるばかりだ」

「いいえ。そのようなことはございません。お小《ち》さいころよりお側《そば》におりましたこの忠次《ただつぐ》にはわかります。殿《との》はまことご聡明《そうめい》で、並《なみ》のお子《こ》とは違《ちが》っておられました。この方《かた》はきっと三河《みかわ》を我《われ》らの手《て》に取《と》りもどしてくださる。我《われ》らはみな、そう信《しん》じてお仕《つか》えしてまいったのですから」

身《み》を乗《の》りだして言《い》う忠次《ただつぐ》と、困惑《こんわく》している元康《もとやす》を、登誉和尚《とうよおしょう》はゆっくりと見比《みくら》べてから言《い》った。

「足利将軍家《あしかがしょうぐんけ》の権威《けんい》が失《うしな》われ、各地《かくち》の大名《だいみょう》、国衆《くにしゅう》（小領主《しょうりょうしゅ》）らが勢力争《せいりょくあらそ》いに明《あ》け暮《く》れるようになってから、はや何十年《なんねん》がたちましたでしょう。まこと、この戦国《せんごく》の世《よ》は、戦《いくさ》を繰《く》り返《かえ》す武士《ぶし》にも、そのたびに田畑《たはた》を焼《や》かれる民《たみ》にも、辛《つら》く苦《くる》しいことばかりでございます」

「……そうだな」

「我《われ》ら浄土宗《じょうどしゅう》には、厭離穢土欣求浄土《おんりえどごんぐじょうど》、という言葉《ことば》がございます。この穢《けが》れた世《よ》を離《はな》れ、阿弥陀仏《あみだぶつ》のおわす極楽浄土《ごくらくじょうど》への往生《おうじょう》を一心《いっしん》に願《ねが》うという意味《いみ》ですが、そのとおり、力《ちから》なきものはただ祈《いの》ることしか出来《でき》ませぬ。ですが、元康《もとやす》さまはいかがでございますか」

「いかが、とは……？」

問《と》い返《かえ》す元康《もとやす》に、和尚《おしょう》は静《しず》かに言《い》う。

「あなたさまが、もしもこの長《なが》い争《あらそ》いの世《よ》を終《お》わらせるために力《ちから》を尽《つ》くされるなら、必《かなら》ず御仏《みほとけ》のご加護《かご》がございますでしょう」

「そのようなことが、わたしに出来《でき》るとは思《おも》えないが……」

元康《もとやす》は、力《ちから》なくまた笑《わら》った。


そして、そのまま数日《すうじつ》が過《す》ぎたある朝《あさ》。岡崎城《おかざきじょう》から知《し》らせが届《とど》いた。

「今川《いまがわ》の城代《じょうだい》も兵《へい》たちも、駿河《するが》へ退去《たいきょ》していったそうだ！　城《しろ》に残《のこ》っておるのはもう松平《まつだいら》の家臣《かしん》たちばかりだと！」

「なんと！」

大樹寺《だいじゅじ》の中《なか》は、わっ、と沸《わ》いた。

「殿《との》！　今川《いまがわ》は岡崎《おかざき》を捨《す》てましたぞ！」

酒井忠次《さかいただつぐ》が駆《か》け寄《よ》ってくる。元康《もとやす》は、戸惑《とまど》いながらうなずく。

「確《たし》かに、捨《す》て城《しろ》ならば拾《ひろ》ってもかまうまい。誰《だれ》かが入《はい》らねば、織田《おだ》に取《と》られてしまうかもしれぬのだし」

「さようさよう！　拾《ひろ》いましょう！」

元康《もとやす》が命《めい》じるまでもなく、兵《へい》たちはてきぱきと具足《ぐそく》をつけ、ようようと槍《やり》を担《かつ》ぎ、松平《まつだいら》の紋《もん》である三つ葉葵《ばあおい》の幟旗《のぼりばた》を押《お》し立《た》てはじめた。

「さあ、殿《との》。帰《かえ》りましょう。我《われ》らの城《しろ》へ！」

本多忠勝《ほんだただかつ》が大《おお》きな口《くち》をいっぱいに開《ひら》いて笑《わら》った。

忠勝《ただかつ》が元康《もとやす》の馬《うま》の口《くち》をとると、寺《てら》の門《もん》が開《ひら》かれて、足取《あしど》りも軽《かる》く兵《へい》たちが進《すす》み出《で》ていく。

本多正信《ほんだまさのぶ》も、槍《やり》を杖代《つえが》わりにして、痛《いた》みをこらえながらも笑《わら》っている。

すでに噂《うわさ》が流《なが》れたのか、道沿《みちぞ》いに人々《ひとびと》が集《あつ》まってきていた。梅雨《つゆ》の晴《は》れ間《ま》に野良仕事《のらしごと》をしていた農民《のうみん》たちだが、その中《なか》には、元康《もとやす》が見知《みし》った顔《かお》もあった。岡崎城下《おかざきじょうか》の家臣《かしん》たちは、今川《いまがわ》に年貢《ねんぐ》をみな召《め》し上《あ》げられていたので、農民《のうみん》たちとともに畑仕事《はたけしごと》をしてようやく暮《く》らしているような者《もの》たちもいるのだ。

以前《いぜん》に見《み》かけた時《とき》は、恥《は》じて顔《かお》を隠《かく》していた彼《かれ》らが、今《いま》は頭《あたま》の手《て》ぬぐいもとり、涙《なみだ》を浮《う》かべて元康《もとやす》を追《お》いかけてきている。

「おかえりなさいませ！　元康《もとやす》さま！」

「殿《との》が、我《われ》らの殿《との》がお帰《かえ》りじゃ！　ようやく岡崎《おかざき》のお城《しろ》に、松平《まつだいら》の殿《との》が！」

矢作川《やはぎがわ》の川沿《かわぞ》い、小高《こだか》い丘《おか》の上《うえ》に立《た》つ岡崎《おかざき》の城《しろ》が、少《すこ》しずつ近《ちか》づいてくる。

元康《もとやす》が生《う》まれた城《しろ》だ。だが、彼《かれ》にはその場所《ばしょ》の思《おも》い出《で》はほとんどない。

それでも。

こんなにみなが喜《よろこ》んでいる。自分《じぶん》がここへ帰《かえ》ってくることは、こんなにたくさんの人々《ひとびと》の願《ねが》いだったのだ。

『もしもこの長《なが》い争《あらそ》いの世《よ》を終《お》わらせるために力《ちから》を尽《つ》くされるなら、必《かなら》ず御仏《みほとけ》のご加護《かご》がございますでしょう』

そんな大《だい》それたことは、自分《じぶん》には出来《でき》ない、と元康《もとやす》は思《おも》う。

だが――せめてこの、忠実《ちゅうじつ》な家臣《かしん》たちだけでも幸《しあわ》せにしてやりたい。

元康《もとやす》は、つられて笑顔《えがお》になりながら、馬《うま》に鞭《むち》を入《い》れ、城《しろ》への道《みち》を駆《か》けだした。

2 清洲《きよす》同盟《どうめい》

岡崎城《おかざきじょう》に戻《もど》った元康《もとやす》は、今川《いまがわ》の跡継《あとつ》ぎである氏真《うじざね》に使《つか》いを出《だ》し、織田《おだ》の動《うご》きを抑《おさ》えるためにこちらに残《のこ》ること、もしも義元公《よしもとこう》の弔《とむら》い合戦《がっせん》をするのであれば、喜《よろこ》んで協力《きょうりょく》することを伝《つた》えた。

だが、氏真《うじざね》からは、とにかく駿府《すんぷ》へ戻《もど》れ、という返事《へんじ》しか来《こ》ない。

織田軍《おだぐん》は幾度《いくど》となく三河《みかわ》に侵入《しんにゅう》し、元康《もとやす》は兵《へい》を出《だ》してそれを撃退《げきたい》し続《つづ》けていたが、そのための援軍《えんぐん》を要請《ようせい》しても、やはり氏真《うじざね》は動《うご》かなかった。

「織田《おだ》から和睦《わぼく》の申《もう》し入《い》れが来《き》たと？」

織田方《おだがた》との交渉《こうしょう》を担《にな》っていた家臣《かしん》から、そんな話《はなし》がもたらされたのは、桶狭間《おけはざま》の戦《たたか》いから一年近《ねんちか》くがたったころだった。

「はい。このたび信長公《のぶながこう》から正式《せいしき》に、今川《いまがわ》と手《て》を切《き》り、織田《おだ》と同盟《どうめい》を結《むす》ぶつもりはないか、というお話《はなし》が」

「同盟《どうめい》、か……」

広間《ひろま》に居並《いなら》んだ重臣《じゅうしん》たちもどよめく。元康《もとやす》もうなった。

「つまり信長《のぶなが》どのは、対等《たいとう》の領主《りょうしゅ》としてわたしを認《みと》めてくださるということか」

今川《いまがわ》との関係《かんけい》は、同盟《どうめい》ではなく臣従《しんじゅう》である。松平家中《まつだいらかちゅう》の家督争《かとくあらそ》いに敗《やぶ》れそうになった先代当主《せんだいとうしゅ》（元康《もとやす》の父《ちち》）広忠《ひろただ》が、義元《よしもと》に力《ちから》を借《か》りたのがそもそもの始《はじ》まりで、それまでは独立《どくりつ》した領主《りょうしゅ》だった三河松平家《みかわまつだいらけ》は、なしくずしに今川《いまがわ》の家臣《かしん》のようになってしまったのだ。

「殿《との》。ここはご決断《けつだん》なされませ」

酒井忠次《さかいただつぐ》が、ずい、と膝《ひざ》を進《すす》めて言《い》った。

「氏真《うじざね》めは、蹴鞠《けまり》と和歌《わか》にしか能《のう》がない、公家《くげ》かぶれの軟弱者《なんじゃくもの》でございます。これ以上《いじょう》あれに義理立《ぎりだ》てしても、我《われ》らになんの得《とく》もございません」

元《もと》から氏真《うじざね》を嫌《きら》っていた忠次《ただつぐ》の辛辣《しんらつ》な言葉《ことば》に、元康《もとやす》は苦笑《くしょう》する。

「桶狭間《おけはざま》では義元公《よしもとこう》だけでなく、名《な》だたる重臣《じゅうしん》たちがみな討《う》ち死《じ》にしてしまったのだから、氏真《うじざね》さまも今《いま》は国元《くにもと》を束《たば》ねるだけで精一杯《せいいっぱい》なのだろう。そう言《い》っては気《き》の毒《どく》だ」

今川館《いまがわやかた》で一緒《いっしょ》に育《そだ》った氏真《うじざね》をかばいながら、しかし、元康《もとやす》にもそのことはよくわかっていた。忠次《ただつぐ》は重《かさ》ねて言《い》う。

「今川《いまがわ》に従《したが》っていた他《ほか》の国衆《くにしゅう》たちも、あるものは織田《おだ》に、あるものは武田《たけだ》にと、次々離反《つぎつぎりはん》に動《うご》いております。ここは織田《おだ》につくのが得策《とくさく》でございます」

「しかし忠次《ただつぐ》、今川《いまがわ》は、離反《りはん》した家臣《かしん》や国衆《くにしゅう》どもの家族《かぞく》を、見《み》せしめに処刑《しょけい》しているとも聞《き》く。ここにおる者《もの》たちの妻子《さいし》も、まだ多《おお》く駿府《すんぷ》におるのだぞ」

元康《もとやす》の言葉《ことば》に、他《ほか》の重臣《じゅうしん》たちも顔《かお》をしかめた。

「そうじゃ、酒井《さかい》どの。わしら家臣《かしん》は主家《しゅか》のため命《いのち》を捨《す》てるものと覚悟《かくご》はしても、殿《との》の奥方《おくがた》とお子方《こがた》のことはどうなさるおつもりか。竹千代《たけちよ》さまは、松平《まつだいら》のご嫡男《ちゃくなん》なのですぞ」

元康《もとやす》と、正室《せいしつ》・瀬名姫《せなひめ》の間《あいだ》に生《う》まれた長男《ちょうなん》は、元康《もとやす》の幼名《ようめい》と同《おな》じ竹千代《たけちよ》と呼《よ》ばれていた。

今《いま》も彼《かれ》らは、駿府《すんぷ》の今川館《いまがわやかた》に取《と》り残《のこ》されている。

「それはようわかっておる。だが、このままでは、力《ちから》を失《うしな》った今川《いまがわ》の下《もと》で武田《たけだ》と戦《たたか》うことになりまするぞ」

忠次《ただつぐ》は言葉《ことば》を強《つよ》めた。

今川《いまがわ》は、甲斐《かい》・信濃《しなの》（山梨県《やまなしけん》・長野県《ながのけん》）を治《おさ》める武田氏《たけだし》との間《あいだ》に、相互不可侵《そうごふかしん》の同盟《どうめい》を結《むす》んでいたが、義元《よしもと》が死《し》んだ今《いま》となっては、いつ破《やぶ》られてもおかしくない話《はなし》なのだ。

武田《たけだ》の領地《りょうち》はみな険《けわ》しい山岳地帯《さんがくちたい》。彼《かれ》らは、豊《ゆた》かな平野《へいや》と海《うみ》が、どうしてもほしいはずなのである。

「武田信玄《たけだしんげん》は希代《きたい》の戦上手《いくさじょうず》。今《いま》の今川《いまがわ》ではとても太刀打《たちう》ち出来《でき》ませぬ」

忠次《ただつぐ》が、ますます前《まえ》のめりになって言《い》う。

「確《たし》かに……武田《たけだ》はいずれ必《かなら》ず今川《いまがわ》を攻《せ》めてくるであろうな」

元康《もとやす》は爪《つめ》をかみながら考《かんが》えこんだ。

「信長《のぶなが》どの、か……」

元康《もとやす》は、まだ竹千代《たけちよ》と呼《よ》ばれていた幼《おさな》いころに、信長《のぶなが》に会《あ》ったことがある。

竹千代《たけちよ》が今川《いまがわ》で暮《く》らしたのは八歳《さい》のころからだが、実《じつ》は岡崎《おかざき》の城《しろ》を出《で》たのはその二年前《ねんまえ》だった。だが西郡《にしごおり》（愛知県蒲郡市《あいちけんがまごおりし》）から船《ふね》に乗《の》ったところで、織田《おだ》と内通《ないつう》していた家臣《かしん》の裏切《うらぎ》りにより、そのまま尾張《おわり》の織田方《おだがた》へさらわれてしまったのだ。

そのころの織田《おだ》の当主《とうしゅ》は、信長《のぶなが》の父《ちち》・信秀《のぶひで》だった。信秀《のぶひで》は竹千代《たけちよ》を人質《ひとじち》にとることで、松平《まつだいら》に今川《いまがわ》を捨《す》てて織田《おだ》につくように脅《おど》しをかけてきた。だが、竹千代《たけちよ》の父《ちち》・広忠《ひろただ》はこれを拒否《きょひ》。二年後《ねんご》に今川《いまがわ》と織田《おだ》の間《あいだ》で交渉《こうしょう》が成立《せいりつ》し、改《あらた》めて今川《いまがわ》に連《つ》れていかれるまで、竹《たけ》千代《ちよ》は、尾張《おわり》の万松寺《ばんしょうじ》という寺《てら》にとどめ置《お》かれていたのである。

しかし、なにぶんにも六歳《さい》――満《まん》で言《い》えば四歳《さい》五歳《さい》の話《はなし》だ。元康《もとやす》は、織田《おだ》にいたころのことをあまり覚《おぼ》えていない。

ただ、たまにふらりと万松寺《ばんしょうじ》に現《あらわ》れて、自分《じぶん》をからかってきた若君《わかぎみ》のことは、うっすらとだけ記憶《きおく》にあった。

「いつも着物《きもの》を片肌脱《かたはだぬ》ぎにして、短《みじか》い袴《はかま》で馬《うま》に乗《の》っておられたな。最初《さいしょ》に会《あ》った時《とき》に、いきなり腰《こし》にぶらさげた干《ほ》し柿《がき》をむしり取《と》って、食《く》え、と目《め》の前《まえ》に突《つ》きだされた……」

あのころ、信長《のぶなが》は数《かぞ》えで十五、六歳《さい》だったろうか。竹千代《たけちよ》の目《め》からは、もう立派《りっぱ》な大人《おとな》に見《み》えたが、そんな奇妙《きみょう》な格好《かっこう》をした者《もの》がまさか尾張《おわり》の若殿《わかとの》とは思《おも》わず、ただ馬鹿《ばか》にされた気《き》がして、その柿《かき》をはたき落《お》としてしまったことを、急《きゅう》にありありと思《おも》いだした。

「あの時《とき》、信長《のぶなが》どのはどう言《い》われたのだったか……」

怒《おこ》られた覚《おぼ》えはない。確《たし》か――激《はげ》しく笑《わら》われたような気《き》がする。

「柿《かき》ははたき落《お》としてもおとがめはなかったが、このたびの同盟《どうめい》を蹴《け》ったら――ただではすむまいな」

信長《のぶなが》は、今《いま》は美濃《みの》（岐阜県南部《ぎふけんなんぶ》）を従《したが》えようとしているところだった。そのため、背後《はいご》の三河《みかわ》とは結《むす》んでおくのが得策《とくさく》だと考《かんが》えているのだろう。

もはや傾《かたむ》くだけの今川《いまがわ》にとどまるか。日《ひ》の出《で》の勢《いきお》いの織田《おだ》と手《て》を握《にぎ》るか。

いずれやってくる武田《たけだ》の脅威《きょうい》を考《かんが》えれば、結論《けつろん》は決《き》まっているようなものだった。

＊

「竹千代《たけちよ》――今《いま》は元康《もとやす》か。久《ひさ》しぶりだな。あいかわらず子狸面《こだぬきづら》だのう。わしのことを覚《おぼ》えておるか？　鷹狩《たかが》りに連《つ》れていってやったこともあっただろう」

永禄《えいろく》五年《ねん》（一五六二年《ねん》）正月《しょうがつ》十五日《にち》。

尾張《おわり》の清洲城《きよすじょう》へ出向《でむ》いた元康《もとやす》を、信長《のぶなが》は笑《わら》いながら出迎《でむか》えた。

「なにぶん幼《おさな》いころのことで、定《さだ》かには……なにかと失礼《しつれい》があったかとも思《おも》い、今《いま》さら冷《ひ》や汗《あせ》が出《で》ております」

今年《ことし》二十九歳《さい》になった信長《のぶなが》は、細面《ほそおもて》に切《き》れ長《なが》の目《め》の美男《びなん》で、丸《まる》い童顔《どうがん》の元康《もとやす》には、少《すこ》しうらやましく思《おも》えた。だが、動作《どうさ》のひとつひとつは荒々《あらあら》しく、あのころの「尾張《おわり》のうつけ」の面影《おもかげ》を残《のこ》している。

「人質《ひとじち》として見知《みし》らぬところに連《つ》れてこられても、よく食《く》いよく眠《ねむ》り、肝《きも》の据《す》わった子《こ》どもだと思《おも》っておったのよ。公家《くげ》かぶれの今川《いまがわ》ですっかり骨抜《ほねぬ》きにされたかと思《おも》うたが、なかなかの戦上手《いくさじょうず》と、わしの家臣《かしん》どももほめておった」

「めっそうもございません。すべて祖父《そふ》・父《ちち》の代《だい》から仕《つか》え続《つづ》けてくれた三河《みかわ》の家臣《かしん》たちの手柄《てがら》でございます。三河独立《みかわどくりつ》はみなの悲願《ひがん》。手《て》を差《さ》しのべていただき感謝《かんしゃ》しておりまする」

元康《もとやす》が頭《あたま》を下《さ》げると、信長《のぶなが》はよく通《とお》る声《こえ》で笑《わら》った。

「これで心置《こころお》きなく、わしは美濃《みの》を攻《せ》められるが、そなたの方《ほう》はどうだ。領内《りょうない》の今川勢《いまがわぜい》はもうあらかた片付《かたづ》いたとは聞《き》くが」

同盟《どうめい》を誓《ちか》う儀式《ぎしき》も終《お》わり、酒宴《しゅえん》となったところで、信長《のぶなが》が尋《たず》ねた。元康《もとやす》は苦《くる》しげにうなずく。

「は……思《おも》ったとおり、氏真《うじざね》は、駿府《すんぷ》に残《のこ》した我《わ》が家臣《かしん》の妻子《さいし》を、みな処刑《しょけい》してしまいました。ですが、我《わ》が妻《つま》は、今川《いまがわ》の一族《いちぞく》ゆえ、未《いま》だ手《て》にはかかっておりませぬ」

「ふむ……だがそれは、ようするに人質《ひとじち》にとられたままということだな」

「はい。ですが、それについてはこちらにも策《さく》がございますので」

「ほう、策《さく》とは」

信長《のぶなが》は、杯《さかずき》をあおりながら元康《もとやす》を見《み》た。

「はい――三河領内《みかわりょうない》には、やはり氏真《うじざね》の親族《しんぞく》が守《まも》っている今川方《いまがわがた》の城《しろ》がございます。ここを攻《せ》め落《お》とし、城主《じょうしゅ》の子息《しそく》を生《い》け捕《ど》りに出来《でき》れば、わが妻子《さいし》との人質交換《ひとじちこうかん》の交渉《こうしょう》に持《も》ちこめるかと」

「なるほどな……」

信長《のぶなが》は、しばらくの間《あいだ》、また酒《さけ》をすすって考《かん》えをめぐらせていたが、やがておもむろに口《くち》を開《ひら》いた。

「奥方《おくがた》は義元《よしもと》の姪御《めいご》だったな――どんな女子《おなご》だ？」

「は……」

元康《もとやす》の正妻《せいさい》・瀬名姫《せなひめ》は、元康《もとやす》より三つばかり年上《としうえ》で、とても美《うつく》しい女《おんな》だが、実《じつ》のところ、夫婦仲《ふうふなか》はあまりよくない。

同《おな》じ今川館《いまがわやかた》で育《そだ》ったので、元康《もとやす》とはいわば幼《おさな》なじみでもあるのだが、なまじそれが災《わざわ》いして、当時《とうじ》は人質《ひとじち》だった元康《もとやす》のことを少《すこ》し下《した》に見《み》ているようなところがあった。

元康《もとやす》にとっては子《こ》どものころからの憧《あこが》れの女性《じょせい》で、妻《つま》に出来《でき》たことは嬉《うれ》しかったが、瀬《せ》名《な》にとってはそうでなかったのは、普段《ふだん》の態度《たいど》からうかがいしれる。

言《い》いよどんだ元康《もとやす》に何《なに》かを察《さっ》したのか、信長《のぶなが》は片眉《かたまゆ》を上《あ》げた。

「武家《ぶけ》の女子《おなご》は、生家《せいか》と婚家《こんか》の楔《くさび》として嫁《とつ》ぐのだ。その楔《くさび》が、ふたつをつなぎとめるか、あるいは打《う》ち割《わ》るか、それはその女子《おなご》の働《はたら》きにかかっておる。夫《おっと》と親兄弟《おやきょうだい》が敵同士《てきどうし》になった時《とき》には、女子《おなご》もまた戦《たたか》わねばならぬ。奥方《おくがた》にもし、その覚悟《かくご》も力《ちから》もないと思《おも》うなら、ここで切《き》り捨《す》てた方《ほう》がよいかもしれんぞ」

元康《もとやす》は唇《くちびる》をかんだ。

瀬名《せな》にとっては、信長《のぶなが》は伯父《おじ》の仇《かたき》である。そして、夫《おっと》である自分《じぶん》は、その仇《かたき》と同盟《どうめい》し、これから彼女《かのじょ》の生家《せいか》である今川《いまがわ》と、本格的《ほんかくてき》に戦《たたか》うことになるだろう。

今《いま》もまだ今川館《いまがわやかた》に取《と》り残《のこ》され、幼《おさな》い子《こ》らとともに明日《あす》をも知《し》れぬ運命《うんめい》におびえているであろう瀬名《せな》が、自分《じぶん》をそんな目《め》にあわせている夫《おっと》を、はたして許《ゆる》すだろうか――……。

黙《だま》りこんでしまった元康《もとやす》を見《み》て、信長《のぶなが》は、やや呆《あき》れたようだった。

「まあ、そなたの好《す》きにするがよい。わしが口《くち》を出《だ》すことではなかったな」

「おそれいります」

元康《もとやす》が頭《あたま》を下《さ》げると、信長《のぶなが》は笑《わら》った。

「わしは、いずれ天下《てんか》を取《と》るつもりだ。その時《とき》には、またともに鷹狩《たかが》りにでも行《い》こうではないか」

元康《もとやす》は、自信《じしん》の塊《かたまり》のような信長《のぶなが》を、まぶしく見上《みあ》げた。

それから二十日《か》ほどののち、元康《もとやす》は計略《けいりゃく》通《どお》り今川方《いまがわがた》の城《しろ》を攻《せ》め落《お》とし、捕《と》らえた城主《じょうしゅ》の息子《むすこ》たちとの人質交換《ひとじちこうかん》により、瀬名姫《せなひめ》と子《こ》どもたちを取《と》りもどした。
だが――それが果《は》たして、正《ただ》しい判断《はんだん》であったのかどうか、この後《ご》も元康《もとやす》は、悩《なや》み続《つづ》けることになる。

3　三河一向一揆《みかわいっこういっき》

尾張《おわり》の信長《のぶなが》との同盟《どうめい》が成《な》った翌年《よくとし》、元康《もとやす》は、名《な》を「家康《いえやす》」と改《あらた》めた。

元康《もとやす》の「元《もと》」の字《じ》は、今川義元《いまがわよしもと》の「元《もと》」をもらったものである。今川《いまがわ》の下《もと》で育《そだ》ち、義元《よしもと》の家臣《かしん》として元服《げんぷく》したという証《あかし》でもあるこの文字《もじ》を捨《す》て、あらたな気持《きも》ちで三河一国《みかわいっこく》の平定《へいてい》をめざそうとする二十二歳《さい》の家康《いえやす》だったが、その道《みち》のりはなかなかに険《けわ》しいものだった。


「なに、一向宗《いっこうしゅう》の門徒《もんと》が一揆《いっき》を起《お》こしたと？」

岡崎城《おかざきじょう》の家康《いえやす》の元《もと》に、その知《し》らせが届《とど》いたのは、秋《あき》も深《ふか》まりはじめた九月《がつ》（今《いま》の十月《がつ》）のことだった。一揆《いっき》とは、農民《のうみん》などが集団《しゅうだん》で武装《ぶそう》して権力者《けんりょくしゃ》にはむかうことである。

「はい。西三河《にしみかわ》の各地《かくち》の寺《てら》を中心《ちゅうしん》に集《あつ》まり、あちこちで争《あらそ》いになっております」

酒井忠次《さかいただつぐ》はそう報告《ほうこく》しながら、顔《かお》をゆがませた。

家康《いえやす》が見回《みまわ》すと、忠次《ただつぐ》だけではない。広間《ひろま》に居並《いなら》んだ多《おお》くの家臣《かしん》たちの顔色《かおいろ》は暗《くら》い。

「そうか。そなたらもみな一向宗《いっこうしゅう》の門徒《もんと》だったな」

一向宗《いっこうしゅう》は、浄土真宗《じょうどしんしゅう》とも呼《よ》ばれ、ただ阿弥陀仏《あみだぶつ》にすがればどんな人間《にんげん》でも極楽《ごくらく》へ行《い》けるとするその教《おし》えから、このころ貧《まず》しい農民《のうみん》たちや、日々《ひび》戦《いくさ》の中《なか》で生《い》きる武家《ぶけ》の間《あいだ》でも、広《ひろ》く信仰《しんこう》されていた。

もともと一向宗《いっこうしゅう》の寺《てら》とは、以前《いぜん》から寺領《じりょう》の自治《じち》を認《みと》める認《みと》めないで小競《こぜ》り合《あ》いがあったのだが、今川《いまがわ》と手《て》を切《き》り織田《おだ》と結《むす》んだことを不服《ふふく》とする家臣《かしん》の一部《いちぶ》が、それをたきつけているらしい。

「主君《しゅくん》の恩《おん》は現世限《げんせかぎ》り、御仏《みほとけ》の恩《おん》は未来永劫《みらいえいごう》、と言《い》われては、門徒《もんと》は動揺《どうよう》いたします。まことに情《なさ》けないことでございますが、わが酒井《さかい》の一族《いちぞく》からも一揆側《いっきがわ》に合流《ごうりゅう》するものが出《で》ておりますようで……」

忠次《ただつぐ》は続《つづ》けた。

「申《もう》し上《あ》げにくいことながら、殿《との》が目《め》にかけておいでだった、本多《ほんだ》の正信《まさのぶ》も、一揆側《いっきがわ》に走《はし》ったようでございます」

「なに⁉」

家康《いえやす》は呆然《ぼうぜん》とした。

本多正信《ほんだまさのぶ》は、桶狭間《おけはざま》の戦《たたか》い以来足《いらいあし》を引《ひ》きずるようになったため、家康《いえやす》の近侍《きんじ》からは外《はず》され、今《いま》は西三河《にしみかわ》の上野城《うえのじょう》で租税《そぜい》を扱《あつか》う役人《やくにん》になっていたはずだ。

「確《たし》かに、正信《まさのぶ》は熱心《ねっしん》な門徒《もんと》だった……足《あし》を痛《いた》めてからなおのこと、仏道《ぶつどう》に心《こころ》を寄《よ》せているらしいとは聞《き》いていたが……」

落《お》ち着《つ》いたらまた、鷹狩《たかが》りのお供《とも》でもさせてください、と、控《ひか》えめに言《い》って笑《わら》った正信《まさのぶ》の顔《かお》が、急《きゅう》に思《おも》いだされた。

昔《むかし》、まだ駿府《すんぷ》の今川館《いまがわやかた》にいたころ、鷹《たか》に言《い》うことを聞《き》かせようとかんしゃくを起《お》こしかけて、鷹匠《たかじょう》だった正信《まさのぶ》にたしなめられたことがある。

『鷹《たか》は、人《ひと》に慣《な》れはしますが懐《なつ》くことはありませぬ。鷹《たか》にすれば、人《ひと》の方《ほう》が、自分《じぶん》の狩《か》りを手伝《てつだ》ってくれているようなもの。鷹《たか》に信頼《しんらい》されたければ、自分《じぶん》が役《やく》に立《た》つところを常《つね》に鷹《たか》に見《み》せつけねばなりませぬ』

そう言《い》って、うやうやしく鷹《たか》を掲《かか》げていた正信《まさのぶ》。

（おまえがそちらにつくということは、わたしは役《やく》に立《た》たぬ、仕《つか》える価値《かち》のない主君《しゅくん》ということなのか？）

動揺《どうよう》している家康《いえやす》に言《い》い聞《き》かせるように、忠次《ただつぐ》は言《い》った。

「今《いま》は三河《みかわ》が一丸《いちがん》となって地固《じがた》めをせねばならぬ時《とき》でございます。ここは、厳《きび》しく対処《たいしょ》せねばなりませぬ」

だが——日《ひ》を追《お》うごとに、一揆《いっき》はどんどん広《ひろ》がりを増《ま》していった。

わらを編《あ》んで作《つく》ったむしろに「南無阿弥陀仏《なむあみだぶつ》」と書《か》いた旗《はた》を押《お》し立《た》てた一向宗《いっこうしゅう》の軍《ぐん》は、鋤《すき》やクワをかまえた貧《まず》しい農民《のうみん》から、鉄砲《てっぽう》で武装《ぶそう》した武士《ぶし》までさまざまだったが、みな「御仏《みほとけ》のために戦《たたか》えば死後《しご》は極楽《ごくらく》に行《い》ける」と信《しん》じているため、恐《おそ》ろしく強《つよ》かった。

家臣《かしん》たちの中《なか》からも、信仰《しんこう》を選《えら》んで一揆側《いっきがわ》にくみするもの、信仰《しんこう》と忠義《ちゅうぎ》の板挟《いたばさ》みになり戦《たたか》うことが出来《でき》なくなるものなどが出《で》て、もはや三河《みかわ》は大混乱《だいこんらん》におちいってしまう。

自《みずか》らも出陣《しゅつじん》した家康《いえやす》は、そこでさまざまなことを見聞《みき》きすることになった。

南無阿弥陀仏《なむあみだぶつ》、南無阿弥陀仏《なむあみだぶつ》！　と、悲鳴《ひめい》のように叫《さけ》びながら突撃《とつげき》してくる農民《のうみん》たち。

血《ち》にまみれ、打《う》ち捨《す》てられたむしろ旗《ばた》。

親兄弟《おやきょうだい》が敵味方《てきみかた》に分《わ》かれて、泣《な》きながら殺《ころ》し合《あ》うさま。

「殿《との》！　大丈夫《だいじょうぶ》ですか！」

顔《かお》を上《あ》げると、榊原《さかきばら》小平太《こへいた》が馬《うま》を寄《よ》せてきていた。三年《ねん》ほど前《まえ》から家康《いえやす》の小姓《こしょう》となった、まだ元服前《げんぷくまえ》の十六歳《さい》だ。

「すまぬ。今《いま》、敵《てき》の中《なか》に知《し》った顔《かお》を見《み》た気《き》がしてな」

家康《いえやす》は頭《あたま》を振《ふ》りながら手綱《たづな》を握《にぎ》り直《なお》す。一瞬《いっしゅん》気《き》を抜《ぬ》いて落馬《らくば》しそうになったのだ。小平《こへい》太《た》は痛《いた》ましそうに眉《まゆ》を寄《よ》せた。

「そのようなこともありましょうが、お気《き》になさらぬことです」

「小平太《こへいた》の言《い》うとおりです」

反対側《はんたいがわ》から馬《うま》を寄《よ》せたのは本多忠勝《ほんだただかつ》だった。

「わたしも門徒《もんと》でしたが、こたび殿《との》と同《おな》じ浄土宗《じょうどしゅう》に改宗《かいしゅう》いたしました！　わたしの祖父《そふ》や父《ちち》がそうしたように、わたしも松平《まつだいら》のお家《いえ》のために戦《たたか》って死《し》にまする。それが我《われ》ら本多《ほんだ》の誇《ほこ》りでございます！　裏切《うらぎ》ったものは本多《ほんだ》の一族《いちぞく》にも多《おお》うございますが、殿《との》が気《き》に病《や》むことではございませぬ！」

丘《おか》の下《した》に見《み》える寺《てら》では、今《いま》も門徒《もんと》との攻防《こうぼう》が続《つづ》いている。地鳴《じな》りのように沸《わ》き起《お》こる、南無阿弥陀仏《なむあみだぶつ》の声《こえ》に浮《う》き足立《あしだ》つ兵《へい》たちに、榊原小平太《さかきばらこへいた》が馬《うま》を進《すす》めて声《こえ》を張《は》り上《あ》げた。

「殿《との》が仏罰《ぶつばち》を受《う》けるというなら、その罰《ばち》はこの小平太《こへいた》が成《な》り代《か》わります！　これよりはわたしが仏敵《ぶってき》となり、あらゆる罰《ばち》をひとりで受《う》けましょう。みなさま、ご安心召《あんしんめ》されい！」

天《てん》にかざした彼《かれ》の剣《けん》に、同《おな》じくぎらりと一条《いちじょう》の槍《やり》が添《そ》えられた。同《おな》じように飛《と》びだした忠勝《ただかつ》の槍《やり》だ。

「よく言《い》った小平太《こへいた》！　まこと、寺《てら》へ走《はし》りたい者《もの》は走《はし》ればよい！　ただしその背《せ》に、この本多家伝来《ほんだけでんらい》の名槍《めいそう》『蜻蛉切《とんぼきり》』を受《う》ける覚悟《かくご》があるならな！」

その槍《やり》の迫力《はくりょく》と、年若《としわか》いふたりの言葉《ことば》に、周囲《しゅうい》はどっと沸《わ》いた。

三河一向一揆《みかわいっこういっき》は、半年《はんとし》の長《なが》きにわたって家康《いえやす》を苦《くる》しめたが、年《とし》を越《こ》して春《はる》の日《ひ》が差《さ》すころ、ようやく収束《しゅうそく》した。

家康《いえやす》は、一向宗《いっこうしゅう》の信仰《しんこう》を禁止《きんし》し、寺《てら》はみな焼《や》きはしたが、門徒側《もんとがわ》にくみした家臣《かしん》たちの罪《つみ》は問《と》わなかった。彼《かれ》らの帰参《きさん》を許《ゆる》し、元通《もとどお》りの所領《しょりょう》を与《あた》えて再《ふた》び召《め》し抱《かか》えたのだ。

家康《いえやす》は、こののち、「厭離穢土欣求浄土《おんりえどごんぐじょうど》」と書《か》かれた幟《のぼり》を旗印《はたじるし》とした。

（主君《しゅくん》の恩《おん》は現世限《げんせかぎ》り。そのとおりだ。だが、それならばその現世《げんせ》が少《すこ》しでも浄土《じょうど》に近《ちか》づくように、わたしは力《ちから》を尽《つ》くそう。御仏《みほとけ》は死者《ししゃ》を救《すく》ってくださる。ならばわたしは、生者《せいじゃ》を救《すく》えるようになろう。これからもわたしは人《ひと》を殺《ころ》さねばならない。だからこそ、それよりも多《おお》くの人《ひと》を救《すく》わなくては……）

鷹狩《たかが》りで獲物《えもの》を捕《と》らえるのは鷹《たか》である。戦《いくさ》で命《いのち》を懸《か》けるのは兵《へい》である。主君《しゅくん》はただ、彼《かれ》らに命《めい》じるだけだ。だが、だからこそ、主君《しゅくん》は彼《かれ》らに、常《つね》に値踏《ねぶ》みされていると思《おも》わねばならないのだ――……。

だが、本多正信《ほんだまさのぶ》は、家康《いえやす》に合《あ》わせる顔《かお》がないと思《おも》ったのか、いずこかへと逃亡《とうぼう》し、行方《ゆくえ》知《し》れずになってしまった。

二　武田《たけだ》との戦《たたか》い

1　三方ヶ原《みかたがはら》

一向一揆《いっこういっき》を平定《へいてい》した家康《いえやす》は、同《おな》じ年《とし》、三河《みかわ》に残《のこ》っていた今川《いまがわ》の城《しろ》をすべて攻《せ》め落《お》とし、ついに三河全土《みかわぜんど》を取《と》りもどすことに成功《せいこう》した。

やがて、家康《いえやす》は、姓《せい》を「松平《まつだいら》」から「徳川《とくがわ》」へと変《か》え、正式《せいしき》に朝廷《ちょうてい》からも「三河守《みかわのかみ》」に任《にん》ぜられる。

また、嫡男《ちゃくなん》・竹千代《たけちよ》を元服《げんぷく》させ、信長《のぶなが》から「信《のぶ》」の字《じ》をもらって、信康《のぶやす》と名乗《なの》らせた。そしてその正室《せいしつ》に、信長《のぶなが》の娘《むすめ》・徳姫《とくひめ》を迎《むか》え、織田《おだ》との同盟《どうめい》をますます固《かた》いものにした。

そのころ、京《きょう》では、室町幕府《むろまちばくふ》第《だい》十三代将軍《だいしょうぐん》・足利義輝《あしかがよしてる》が、弱体化《じゃくたいか》した将軍家《しょうぐんけ》の権威《けんい》を取《と》りもどそうと苦心《くしん》していた。だが彼《かれ》は、それに不満《ふまん》を持《も》つ幕臣《ばくしん》たちに殺害《さつがい》されてしまう。

義輝《よしてる》の弟《おとうと》・義昭《よしあき》は、京《きょう》から逃《に》げだし、この時《とき》すでに美濃《みの》を制圧《せいあつ》して名《な》を上《あ》げていた信長《のぶなが》を頼《たよ》ってきた。信長《のぶなが》は、六万《まん》の大軍《たいぐん》を率《ひき》いて上洛《じょうらく》し、義昭《よしあき》を将軍《しょうぐん》の座《ざ》につけることに成功《せいこう》する。

その義昭《よしあき》の名《な》の下《もと》で、信長《のぶなが》は、天下統一《てんかとういつ》をめざして動《うご》きはじめた。

＊

〝甲斐《かい》の虎《とら》〟武田信玄《たけだしんげん》が、いよいよ信長《のぶなが》と戦《たたか》う決意《けつい》を固《かた》め、兵《へい》を率《ひき》いて甲斐《かい》を出《で》たらしい、という知《し》らせが家康《いえやす》にもたらされたのは、元亀《げんき》三年《ねん》（一五七二年《ねん》）の秋口《あきぐち》のことだった。

「ついに、か」

三十一歳《さい》になった家康《いえやす》は、広間《ひろま》に集《あつ》まった重臣《じゅうしん》たちを見回《みまわ》した。

ここは、岡崎城《おかざきじょう》ではない。今川《いまがわ》から奪《うば》い取《と》った、遠江《とおとうみ》（静岡県西部《しずおかけんせいぶ》）の浜松城《はままつじょう》だ。

「信玄《しんげん》の軍《ぐん》は二万《まん》五千《せん》とも三万《まん》とも。どうやら信濃《しなの》から南《みなみ》に進路《しんろ》を取《と》り、遠江《とおとうみ》へ向《む》かっているようです」

「ということは、こちらとも戦《たたか》うつもりなのですな。どれだけ我《われ》らを小馬鹿《こばか》にすれば気《き》がすむのか」

太《ふと》い声《こえ》で吠《ほ》えたのは本多忠勝《ほんだただかつ》だった。一向一揆《いっこういっき》のころはまだ数《かぞ》え十六だった忠勝《ただかつ》も、今《いま》はもう二十五、たくましい体《からだ》の侍大将《さむらいだいしょう》になっている。

四年《ねん》ほど前《まえ》、ともに今川《いまがわ》を滅《ほろ》ぼそうと言《い》ってきたのは武田《たけだ》の方《ほう》だった。

信玄《しんげん》は、義元《よしもと》の死以来混乱《しいらいこんらん》が続《つづ》いていた今川領《いまがわりょう》に攻《せ》め入《い》って、あっというまに駿府《すんぷ》を押《お》さえてしまった。逃《に》げだした今川氏真《いまがわうじざね》は、遠江《とおとうみ》の掛川城《かけがわじょう》にこもったが、そこを家康《いえやす》が攻《せ》め、氏真《うじざね》が降伏《こうふく》したことで、戦国大名《せんごくだいみょう》としての今川氏《いまがわし》は滅亡《めつぼう》したのである。

武田《たけだ》とは、旧今川領《きゅういまがわりょう》のうち、大井川《おおいがわ》を境《さかい》にして東《ひがし》は武田《たけだ》に、西《にし》は徳川《とくがわ》に、という約定《やくじょう》が整《ととの》い、家康《いえやす》は遠江一国《とおとうみいっこく》を得《え》る。そして、岡崎城《おかざきじょう》を嫡男《ちゃくなん》・信康《のぶやす》にあずけ、自分《じぶん》は浜松《はままつ》にうつってきた。

ところが、あとになってから信玄《しんげん》は、約束《やくそく》した「国境《くにざかい》の川《かわ》」は、大井川《おおいがわ》ではなく、ずっと西寄《にしよ》りの天竜川《てんりゅうがわ》のつもりだったと言《い》いだしたのだ。

そのために、ここ数年《すうねん》の間《あいだ》、徳川《とくがわ》と武田《たけだ》は、小競《こぜ》り合《あ》いを繰《く》り返《かえ》していた。

「これまでは、織田《おだ》と武田《たけだ》も盟約《めいやく》を交《か》わしておりましたが、武田《たけだ》は義昭公《よしあきこう》の呼《よ》びかけに応《おう》じて、同盟《どうめい》を破棄《はき》したようですな」

苦々《にがにが》しく言《い》ったのは榊原小平太《さかきばらこへいた》だ。いや、今《いま》は元服《げんぷく》し、家康《いえやす》から「康《やす》」の字《じ》をもらって、榊原康政《さかきばらやすまさ》と名乗《なの》っている。

足利義昭《あしかがよしあき》を将軍《しょうぐん》につけ、その補佐《ほさ》をするという名目《めいもく》で京《きょう》に上《のぼ》った信長《のぶなが》だが、もちろん実際《じっさい》の政治《せいじ》は信長《のぶなが》が取《と》り仕切《しき》っていた。それに不満《ふまん》をもった義昭《よしあき》は、各地《かくち》の大名《だいみょう》たちに、信長《のぶなが》を討《う》て、との密書《みっしょ》をばらまきはじめたのだ。

それに応《おう》じた、越前《えちぜん》（福井県《ふくいけん》）の朝倉義景《あさくらよしかげ》、近江《おうみ》（滋賀県《しがけん》）の浅井長政《あざいながまさ》と、信長《のぶなが》は今《いま》も泥沼《どろぬま》の戦《たたか》いをしている。浅井《あざい》などは、信長《のぶなが》の妹《いもうと》を正室《せいしつ》にして同盟《どうめい》を結《むす》んでいたのに裏切《うらぎ》ったのだ。

そしてついに、武田信玄《たけだしんげん》も、その呼《よ》びかけを口実《こうじつ》にして、信長《のぶなが》を討《う》とうと立《た》ち上《あ》がったのである。

「織田《おだ》さまにも加勢《かせい》を出《だ》していただきましょう。先年《せんねん》の、浅井《あざい》・朝倉《あさくら》との戦《たたか》いでは、我《われ》らも出陣《しゅつじん》いたしたのですから」

酒井忠次《さかいただつぐ》の言葉《ことば》に、家康《いえやす》は、うーん、とうなった。

「むろん書状《しょじょう》はしたためるが——あちらも今《いま》、畿内《きない》での戦《いくさ》に人《ひと》を取《と》られておいでだ。大勢《おおぜい》は望《のぞ》めぬであろうな」

不満《ふまん》そうな家臣《かしん》たちを見回《みまわ》し、家康《いえやす》はなだめるように続《つづ》ける。

「ご加勢《かせい》があるにせよないにせよ、我《われ》らは戦《たたか》わねばならぬ。これは信長公《のぶながこう》の戦《いくさ》ではなく、我《われ》らの戦《いくさ》と心得《こころえ》よ」

*

十月《がつ》の声《こえ》とともに、武田軍《たけだぐん》は怒濤《どとう》の勢《いきお》いで遠江《とおとうみ》に進軍《しんぐん》してきた。音《おと》に聞《き》こえた信玄《しんげん》の軍《ぐん》は恐《おそ》ろしく強《つよ》く、徳川方《とくがわがた》はまたたくまに、いくつもの城《しろ》を落《お》とされてしまう。

十二月《がつ》の半《なか》ばに、ようやく織田《おだ》からの援軍《えんぐん》が到着《とうちゃく》したが、やはりその数《かず》はたった三千《ぜん》。家康《いえやす》に臣従《しんじゅう》していたはずの遠江周辺《とおとうみしゅうへん》の国衆《くにしゅう》は、武田《たけだ》の勢《いきお》いに恐《おそ》れを成《な》して、離反《りはん》の動《うご》きを見《み》せている。家康《いえやす》が今確実《いまかくじつ》に動《うご》かせる兵《へい》は、かき集《あつ》めてもようやく八千《せん》。織田軍《おだぐん》と合《あ》わせても一万《まん》一千《せん》である。

「この数《かず》で、三万《まん》の武田《たけだ》とどう戦《たたか》えというのだ」

「信長公《のぶながこう》は我《われ》らを捨《す》て石《いし》になさるおつもりでは」

家臣《かしん》たちの間《あいだ》に動揺《どうよう》が走《はし》る。家康《いえやす》は彼《かれ》らをなだめ続《つづ》けた。

「そのようなことはない。織田《おだ》から来《こ》られた方々《かたがた》はみな、尾張譜代《おわりふだい》（先祖代々《せんぞだいだい》の家臣《かしん》）の重臣《じゅうしん》。決《けっ》してこちらを軽《かる》く見《み》られているのではない」

「しかし、殿《との》。今《いま》、武田軍《たけだぐん》に囲《かこ》まれている二俣城《ふたまたじょう》は早晩落《そうばんお》ちましょう。そうなれば、次《つぎ》はここ、浜松《はままつ》ですぞ」

本多忠勝《ほんだただかつ》が吠《ほ》える。家康《いえやす》は、わかっている、とうなずいた。

「織田方《おだがた》とも話合《はなしあ》ったが、ここは籠城《ろうじょう》しかないと思《おも》う」

血《ち》の気《け》の多《おお》い忠勝《ただかつ》や、その他《ほか》の若《わか》い家臣《かしん》たちが不服《ふふく》そうな顔《かお》をする。

「織田勢《おだぜい》には、尾張《おわり》と三河《みかわ》の国境《くにざかい》の守《まも》りのため残《のこ》してきた兵《へい》があるとのこと。ここでいったん籠城《ろうじょう》の構《かま》えを見《み》せて、武田本隊《たけだほんたい》を足止《あしど》めしたところで、それらの織田方《おだがた》と挟《はさ》みうちにする」

幸《さいわ》い、浜松城《はままつじょう》には兵糧《ひょうろう》はたっぷりある。この人数《にんずう》で籠城《ろうじょう》しても、倹約《けんやく》すればかなりの時間《じかん》が稼《かせ》げるはずだった
十二月《がつ》二十二日《にち》。

二俣城《ふたまたじょう》を陥落《かんらく》させた信玄《しんげん》の本隊《ほんたい》は、この日《ひ》の早朝《そうちょう》、ついに天竜川《てんりゅうがわ》を渡《わた》り動《うご》きだした。温暖《おんだん》な浜松《はままつ》には珍《めずら》しく、朝《あさ》から雪《ゆき》が舞《ま》っていた。家康《いえやす》たちは籠城《ろうじょう》の構《かま》えを整《ととの》え、今《いま》か今《いま》かと思《おも》いながらその時《とき》を待《ま》った。

ところが――……。

「なに、武田軍《たけだぐん》が進路《しんろ》を変《か》えた⁉」

その知《し》らせがもたらされたのは、もう昼《ひる》も近《ちか》くなったころのことである。

「何《なに》かの間違《まちが》いではないのか」

しかし、物見《ものみ》に出《だ》していた兵《へい》たちが次々《つぎつぎ》に、同《おな》じ知《し》らせを持《も》って帰還《きかん》してくる。

どうやら信玄《しんげん》は浜松城《はままつじょう》を攻《せ》めずに素通《すどお》りし、そのまま西《にし》へと進軍《しんぐん》しているらしい。

「浜名湖畔《はまなこはん》の堀江城《ほりえじょう》狙《ねら》いか？」

「それはあまりに愚策《ぐさく》でございましょう。あの戦上手《いくさじょうず》の信玄《しんげん》がそのようなまねはいたしますまい。これはもはや、我《われ》ら徳川《とくがわ》をこれ以上相手《いじょうあいて》にはせぬとの考《かんが》えかと」

「見《み》くびられたものですなあ……」

日頃《ひごろ》は慎重派《しんちょうは》の酒井忠次《さかいただつぐ》も、さすがに顔《かお》をしかめる。

家康《いえやす》は爪《つめ》をかんだ。かみすぎて、血《ち》がにじむほどに。

信玄《しんげん》は正《ただ》しい。こちらが籠城《ろうじょう》の備《そな》えを固《かた》めているのはわかりきっている。これ以上《いじょう》ここで兵力《へいりょく》と時間《じかん》を消耗《しょうもう》するより、進軍《しんぐん》する方《ほう》が得策《とくさく》だ。

（だが――どうする。これをこのまま見送《みおく》っていいものか？　それでわたしは、信長公《のぶながこう》に顔向《かおむ》け出来《でき》るのか？）

決断出来《けつだんでき》ぬまま時《とき》が過《す》ぎていく。

信玄《しんげん》の軍勢《ぐんぜい》は、街道《かいどう》を長々《ながなが》と隊列《たいれつ》を組《く》んで西《にし》へと向《む》かっているらしい。

（伸《の》びきった隊列《たいれつ》に後《うし》ろから押《お》しかかれば勝機《しょうき》はあるのではないか……）

そう考《かんが》えたのは、どうやら家康《いえやす》だけではなかった。

「殿《との》！　これはまたとない好機《こうき》かと心得《こころえ》ます！」

「さよう！　ここは一太刀《ひとたち》なりとも浴《あ》びせねば、我《われ》ら三河武士《みかわぶし》の顔《かお》が立《た》ちませぬ！」

本多忠勝《ほんだただかつ》だけではない。榊原康政《さかきばらやすまさ》も、酒井忠次《さかいただつぐ》も、家康《いえやす》の決断《けつだん》を待《ま》つように身《み》を乗《の》りだす。織田方《おだがた》の将《しょう》たちも、家康《いえやす》の言葉《ことば》を待《ま》っている。

『徳川《とくがわ》どのは、野戦《やせん》が得意《とくい》と見《み》えるな』

信長《のぶなが》にそう言《い》われたことが、ふいに蘇《よみがえ》ってきた。二年前《ねんまえ》、織田《おだ》に加勢《かせい》して、近江《おうみ》の姉川河原《あねがわがわら》で浅井《あざい》・朝倉《あさくら》の軍勢《ぐんぜい》と戦《たたか》った時《とき》だ。

『三河《みかわ》の武士《ぶし》は少《すく》ない人数《にんずう》でも、大軍相手《たいぐんあいて》に互角以上《ごかくいじょう》に奮戦《ふんせん》しよる。それは徳川《とくがわ》どのの采配《さいはい》が上手《うま》いからかのう』

信長《のぶなが》はそう言《い》って、満足《まんぞく》そうにうなずいていた。

(それなのに今回《こんかい》は、おめおめと信玄《しんげん》を逃《に》がすのか？)

信長《のぶなが》の苦笑《にがわら》いが聞《き》こえた気《き》がして、家康《いえやす》は立《た》ち上《あ》がった。

「討《う》って出《で》る！」

その言葉《ことば》に、みないっせいに立《た》ち上《あ》がる。

「それでこそわが殿《との》じゃ！」

「者《もの》ども！　合戦《かっせん》じゃ！」

うおおお、と雄叫《おたけ》びを上《あ》げて、家臣《かしん》たちは広間《ひろま》を出《で》ていった。

＊

雪《ゆき》は止《や》んでいた。だが、空《そら》には灰色《はいいろ》の雲《くも》が重《おも》く垂《た》れこめ、もはや足元《あしもと》も見《み》えづらくなっている。

冬《ふゆ》の早《はや》い日《ひ》が暮《く》れようとしていた。

（武田《たけだ》が三方ヶ原《みかたがはら》の台地《だいち》を過《す》ぎ、坂《さか》を下《くだ》りきったところで後《うし》ろから突《つ》く）

それしかない、と家康《いえやす》は思《おも》っていた。それならば勝《か》ち目《め》はあると。

だが――それは、とんだ甘《あま》い見通《みとお》しだったのだ。


前方《ぜんぽう》で、わあああ、と、喚声《かんせい》が上《あ》がった。


「なに⁉」

鉄砲《てっぽう》の音《おと》が響《ひび》いた。戦《いくさ》が始《はじ》まったのは明《あき》らかだ。

「早《はや》すぎる！　まだ追《お》いつくはずがない！」

家康《いえやす》が馬《うま》を止《と》め、先鋒《せんぽう》の本多忠勝《ほんだただかつ》に使番《つかいばん》（伝令《でんれい》）を走《はし》らせようとした時《とき》、逆《ぎゃく》に向《む》こうから、騎馬《きば》が駆《か》けこんできた。

「武田軍《たけだぐん》の待《ま》ち伏《ぶ》せでございます！　先鋒《せんぽう》はすでに崩《くず》れましてございます！」

「そんな馬鹿《ばか》な！」

信玄《しんげん》は、家康《いえやす》が追撃《ついげき》してきたのに気付《きづ》き、坂《さか》を下《くだ》らずに行軍《こうぐん》を停止《ていし》。すばやく三方ヶ原《みかたがはら》の台地《だいち》の上《うえ》に陣《じん》を展開《てんかい》して、待《ま》ち伏《ぶ》せしていたのだった。

長々《ながなが》と伸《の》びきっていたはずの行軍《こうぐん》の列《れつ》。それをこの短《みじか》い時間《じかん》で反転《はんてん》させ、陣《じん》を形作《かたちづく》る。

(疾《はや》きこと風《かぜ》の如《ごと》く、徐《しず》かなること林《はやし》の如《ごと》く、侵掠《しんりゃく》すること火《ひ》の如《ごと》く、動《うご》かざること山《やま》の如《ごと》し――!!)

まさに信玄《しんげん》の旗印《はたじるし》――風林火山《ふうりんかざん》そのものだ。


武田軍《たけだぐん》の進撃《しんげき》を告《つ》げるホラ貝《がい》と陣太鼓《じんだいこ》が、冷《つめ》たい空気《くうき》を震《ふる》わせた。


入《い》り乱《みだ》れる両軍《りょうぐん》の旗《はた》。

雄叫《おたけ》びと馬《うま》のいななき。鉄《てつ》と血《ち》の入《い》り交《ま》じった錆《さ》びた臭《にお》い。

日《ひ》は落《お》ち、流《なが》れる闇《やみ》に、松明《たいまつ》がひらめく。

徳川軍《とくがわぐん》の諸将《しょしょう》もよく戦《たたか》ったが、あまりにも分《ぶ》が悪《わる》かった。またたくまに押《お》し返《かえ》され、突《つ》き崩《くず》され、無残《むざん》に屍《しかばね》が積《つ》み重《かさ》なっていく。

(ここまでか)

家康《いえやす》の本隊《ほんたい》も総崩《そうくず》れとなった。目《め》の前《まえ》に武田《たけだ》の各将《かくしょう》の旗《はた》が押《お》しだしてくる。松明《たいまつ》に赤《あか》く光《ひか》るのは「武田《たけだ》の赤備《あかぞな》え」――具足《ぐそく》も旗指物《はたさしもの》も赤《あか》で統一《とういつ》した百戦錬磨《ひゃくせんれんま》の騎馬武者《きばむしゃ》たちか。

（こうなったのは自《みずか》らの落《お》ち度《ど》だ。いかに家臣《かしん》たちが逸《はや》ろうとも、信長公《のぶながこう》に笑《わら》われようとも、打《う》って出《で》るべきではなかった）

野戦《やせん》なら自分《じぶん》もひとかどのものだ、という驕《おご》りが、家康《いえやす》をここに連《つ》れだした。

真冬《まふゆ》の冷《ひ》えこみと、緊張《きんちょう》と恐怖《きょうふ》で、指《ゆび》は震《ふる》え、腹《はら》がキリキリと痛《いた》みはじめる。

（こうなったら、信玄《しんげん》とはいわずとも、武田《たけだ》の名《な》のある武将《ぶしょう》ひとりでも、この手《て》で討《う》ち取《と》ってやる）

「今《いま》までご苦労《くろう》であった。そなたらは逃《に》げよ」

自分《じぶん》の周《まわ》りを囲《かこ》んでいた十人《にん》ばかりの兵《へい》たちにそう告《つ》げる。しかし彼《かれ》らは怒《おこ》ったように叫《さけ》んだ。

「なにをおっしゃるのです！　殿《との》こそお逃《に》げください！」

「もはやこれまでだ！　敵《てき》に背《せ》を向《む》けて死《し》ぬなど武士《ぶし》の名折《なお》れ！」

「それは我《われ》らが言《い》うべきこと！　大将《たいしょう》は討《う》ち死《じ》にこそ恥《はじ》！　殿《との》は城《しろ》へ戻《もど》られよ！」

主君《しゅくん》にたいする言葉《ことば》とも思《おも》えぬ荒々《あらあら》しさで、誰《だれ》かが怒《ど》鳴《な》りつけ、家康《いえやす》の手《て》から采配《さいはい》（指《し》揮《き》をするための房《ふさ》のついた棒《ぼう》）をもぎ取《と》った。

「先年《せんねん》の一向一揆《いっこういっき》の際《さい》、殿《との》に刃《やいば》を向《む》けたこのわしを、殿《との》はお許《ゆる》し下《くだ》された。その恩《おん》、今《いま》こ

そ返《かえ》す時《とき》。いざ、おさらば！」

老《お》いた兵《へい》は家康《いえやす》の馬《うま》の口《くち》をとって、浜松《はままつ》の方《ほう》へ向《む》けさせると、手《て》にした采配《さいはい》で力《ちから》いっぱいその尻《しり》を叩《たた》いた。馬《うま》は驚《おどろ》いて跳《は》ねあがると、一目散《いちもくさん》に走《はし》りだす。

「我《われ》こそ徳川三河守《とくがわみかわのかみ》！　たれぞ来《き》たりて大将首《たいしょうくび》を取《と》ってみよ！」

家康《いえやす》の身代《みが》わりとなり、夜目《よめ》にも白《しろ》い采配《さいはい》を掲《かか》げて叫《さけ》ぶ、かれた声《こえ》が遠《とお》ざかっていく。

「許《ゆる》せ……許《ゆる》せよ……この恩《おん》、一生忘《いっしょうわす》れぬ……」

家康《いえやす》は馬《うま》のたてがみにしがみついて泣《な》いた。

追《お》いすがってきた近習《きんじゅ》たちのひづめの音《おと》すら、武田《たけだ》の追《お》っ手《て》に聞《き》こえ、家康《いえやす》は吐《は》き気《け》にもだえながら必死《ひっし》に馬《うま》を飛《と》ばす。腹《はら》の痛《いた》みが限界《げんかい》に達《たっ》して、大便《だいべん》が漏《も》れた。

みじめだった。


四半時《しはんとき》（約《やく》三十分《ぷん》）ほども駆《か》け続《つづ》けて、ようやく浜松城《はままつじょう》の城門《じょうもん》が見《み》えた。家康《いえやす》が駆《か》けこむと、家臣《かしん》たちがどっと駆《か》け寄《よ》ってくる。

「殿《との》！　よくご無事《ぶじ》で！」

急《いそ》いで城門《じょうもん》を閉《し》めようとする家臣《かしん》たちに、家康《いえやす》は馬《うま》を下《お》りながら叫《さけ》んだ。

「門《もん》はすべて開《あ》け放《はな》っておけ！　まだ帰《かえ》ってくる者《もの》がいるはずだ！」

「しかし、武田《たけだ》の追《お》っ手《て》もすぐに達《たっ》しましょう！」

「篝火《かがりび》を増《ふ》やせ！　見張《みは》り台《だい》にも火《ひ》を掲《かか》げて、人気《ひとけ》を絶《た》やすな！　その方《ほう》が、敵《てき》は攻《せ》めこみづらくなる！」

汚《よご》れた袴《はかま》を替《か》え、家康《いえやす》は、女《おんな》たちが用意《ようい》した湯漬《ゆづ》けをかきこんだ。

徳川軍《とくがわぐん》の戦死者《せんししゃ》は、二千《せん》は下《くだ》らぬようだった。

織田《おだ》の加勢《かせい》も多《おお》くが討《う》ち死《じ》に、生《い》き残《のこ》った者《もの》も早々《そうそう》に退却《たいきゃく》したという。

幸《さいわ》い、追撃《ついげき》してきた武田《たけだ》の赤備《あかぞな》え隊《たい》は、家康《いえやす》の思惑通《おもわくどお》り、明々《あかあか》と城《しろ》を照《て》らす篝火《かがりび》と、開《あ》け放《はな》たれた城門《じょうもん》に不信《ふしん》を抱《いだ》き、攻《せ》めこまずに引《ひ》き返《かえ》した。だがそれは、道《みち》を急《いそ》ぐ信玄《しんげん》の命《めい》令《れい》でもあっただろう。

しんしんと冷《ひ》えこむ冬《ふゆ》の夜《よる》。雪《ゆき》が再《ふたた》び舞《ま》いはじめる。

家康最大《いえやすさいだい》の負《ま》け戦《いくさ》、三方ヶ原《みかたがはら》の戦《たたか》いは、こうして終《お》わった。

武田軍《たけだぐん》はその後《ご》、三河《みかわ》を西《にし》へと進《すす》んだが、その途中《とちゅう》、突然進路《とつぜんしんろ》を北《きた》へ変《か》え、山《やま》の方《ほう》から信濃《しなの》へと戻《もど》っていってしまった。

理由《りゆう》がわからず、あれかこれかと考《かんが》えをめぐらせていた家康《いえやす》の元《もと》に届《とど》いたのは、信玄《しんげん》が病《やまい》に倒《たお》れたらしい、という知《し》らせだった。

春《はる》が過《す》ぎ、ホトトギスの声《こえ》も高《たか》く聞《き》こえる四月半《がつなか》ば。

戦国最強《せんごくさいきょう》の武将《ぶしょう》とも言《い》われた武田信玄《たけだしんげん》は、あっけなく世《よ》を去《さ》った。

信玄《しんげん》は、跡《あと》を継《つ》いだ息子《むすこ》の勝頼《かつより》に、自分《じぶん》の死《し》は三年間《ねんかん》秘密《ひみつ》にせよ、と遺言《ゆいごん》したというが、どんなに隠《かく》そうとしても、このような大《おお》きな出来事《できごと》はどこからか漏《も》れてしまうものだ。

信玄死《しんげんし》す、の知《し》らせは、またたく間《ま》に、日本全土《にほんぜんど》を駆《か》けめぐっていった。

*

「あの信玄《しんげん》が死《し》ぬとは。わたしはまだ信《しん》じられぬ。今朝《けさ》も三方ヶ原《みかたがはら》で追《お》い詰《つ》められる夢《ゆめ》を見《み》て飛《と》び起《お》きたわ」

家康《いえやす》は、久《ひさ》しぶりに岡崎城《おかざきじょう》を訪《おとず》れて、嫡男《ちゃくなん》の信康《のぶやす》と語《かた》り合《あ》っていた。

「しかし、ホッとしたと同時《どうじ》に、なにやら心《こころ》にぽっかりと穴《あな》が空《あ》いたような気《き》もするのだ」

しみじみと言《い》う家康《いえやす》に、十五になったばかりの信康《のぶやす》はいぶかしげだった。

「それはなにゆえでございますか」

「よくも悪《あ》しくも、信玄《しんげん》はわたしにとっての目標《もくひょう》のようなものだったのだろう。若《わか》いころから信玄《しんげん》のように戦《たたか》いたいと思《おも》っていた。まことに、人《ひと》というのは、あっけないものだな」

「しかし、織田《おだ》のお義父上《ちちうえ》は喜《よろこ》んでおられましょう」

信康《のぶやす》は笑《わら》った。家康《いえやす》はうなずく。

「武田《たけだ》の進軍《しんぐん》に備《そな》えて岐阜城《ぎふじょう》に戻《もど》っておられたが、来《こ》ないとみるやさっそく京《きょう》に上《のぼ》られたようだ」

信玄《しんげん》の上洛《じょうらく》をあてにして、将軍義昭《しょうぐんよしあき》はついに自《みずか》ら兵《へい》を集《あつ》めて信長《のぶなが》に対抗《たいこう》しようとしていた。だが、こうなっては、とうてい勝《か》ち目《め》などあるまい。おそらく近《ちか》いうちに、信長《のぶなが》は将《しょう》軍家《ぐんけ》を打《う》ち負《ま》かすだろう。

「信長《のぶなが》どのは、自《みずか》らの才覚《さいかく》でのし上《あ》がっていく者《もの》がお好《す》きだ。今《いま》、一軍《ぐん》を任《まか》されている木《き》下《した》どのなどは、元《もと》は尾張《おわり》の農民《のうみん》の出《で》で、信長公《のぶながこう》の草履《ぞうり》取《と》りから出世《しゅっせ》されたという。だが逆《ぎゃく》に、先祖《せんぞ》から受《う》け継《つ》いだ地位《ちい》にあぐらをかき力《ちから》を尽《つ》くさぬ者《もの》、主君《しゅくん》から与《あた》えられた役目《やくめ》をかさにきて非道《ひどう》を行《おこな》う者《もの》は蛇蝎《だかつ》のごとく嫌《きら》っておられる。ただ足利将軍家《あしかがしょうぐんけ》の末裔《まつえい》に生《う》まれたというだけで、誰《だれ》もが自分《じぶん》の言《い》うことを聞《き》くと思《おも》っておられた義昭公《よしあきこう》とは、いずれは戦《たたか》うことになるさだめであったろうよ」

「しかし、比叡山延暦寺《ひえいざんえんりゃくじ》の焼《や》き討《う》ちなどは、役目《やくめ》をかさにきた非道《ひどう》ではないのですか」

「比叡山《ひえいざん》の僧侶《そうりょ》たちは、その権力《けんりょく》に驕《おご》り、武装《ぶそう》し美食《びしょく》にふけり女《おんな》を連《つ》れこみ、好《す》き放題《ほうだい》しておるので有名《ゆうめい》だった。その上《うえ》、浅井《あざい》・朝倉《あさくら》に加勢《かせい》する動《うご》きを見《み》せてはやむを得《え》まい」

信康《のぶやす》は黙《だま》ったが、どこか納得出来《なっとくでき》ぬようだった。

（……若《わか》いのう）

家康《いえやす》は内心《ないしん》ため息《いき》をつく。

信康《のぶやす》は、美《うつく》しい母《はは》に似《に》て、目元《めもと》のすっきりとした美男《びなん》である。だが、性格《せいかく》もまた母親似《ははおやに》で、気位《きぐらい》が高《たか》すぎるところがあるように思《おも》えた。

「ところで父上《ちちうえ》。岡崎《おかざき》においでになったのに、母上《ははうえ》にはお会《あ》いにならないのですか」

信康《のぶやす》に考《かんが》えを見透《みす》かされたようで、家康《いえやす》は、一瞬言葉《いっしゅんことば》につまる。

信康《のぶやす》の母《はは》・瀬名姫《せなひめ》は、表向《おもてむ》きは今《いま》も家康《いえやす》の正室《せいしつ》だが、実際《じっさい》は離縁《りえん》したも同然《どうぜん》の状態《じょうたい》だ。

今川《いまがわ》の血《ち》を引《ひ》く瀬名《せな》の立場《たちば》は、今《いま》の徳川家中《とくがわかちゅう》ではたいへんに弱《よわ》い。本人《ほんにん》も、戦国《せんごく》の世《よ》の習《なら》いとはいえ、生家《せいか》である今川家《いまがわけ》を滅《ほろ》ぼす形《かたち》になった夫《おっと》を快《こころよ》く思《おも》っているはずがない。

かといって、彼女《かのじょ》にはもう、帰《かえ》る実家《じっか》もないのだ。瀬名姫《せなひめ》の両親《りょうしん》は、娘婿《むすめむこ》である家康《いえやす》の離反《りはん》を止《と》められなかったと氏真《うじざね》に責《せ》められ、自害《じがい》させられている。

今川《いまがわ》から連《つ》れもどしたあと、とりあえず岡崎城《おかざきじょう》の西《にし》にある築山《つきやま》という土地《とち》に屋敷《やしき》を与《あた》え、そこに住《す》まわせていたため、築山御前《つきやまごぜん》、と呼《よ》ばれるようになった彼女《かのじょ》は、家康《いえやす》に「なぜ会《あ》いにきてくれないのですか」という恨《うら》み言《ごと》の手紙《てがみ》を送《おく》ってよこしたかと思《おも》えば、実際《じっさい》に会《あ》いにいくと、気分《きぶん》がすぐれない、と言《い》って追《お》い返《かえ》したりする。家康《いえやす》は、妻《つま》の扱《あつか》いにほとほと困《こま》り果《は》てていた。

信康《のぶやす》が岡崎城主《おかざきじょうしゅ》になった時《とき》、瀬名《せな》もようやく、その母親《ははおや》として城《しろ》に入《はい》り、今《いま》は城内《じょうない》に住《す》んでいるので、今《いま》すぐ会《あ》うことも出来《でき》るのだが、正直《しょうじき》に言《い》うと、ただただ気《き》が重《おも》い。

「……行《い》ったところで、あれは会《あ》ってはくれまいよ」

家康《いえやす》は、そう言《い》うと、さっと話《はなし》を戻《もど》した。

「信玄《しんげん》が没《ぼっ》したとはいえ、武田《たけだ》には嫡男《ちゃくなん》・勝頼《かつより》がいる。信玄《しんげん》が鍛《きた》え上《あ》げた猛将《もうしょう》たちもそっくりそのまま残《のこ》っておる。まだ長《なが》い戦《たたか》いになるぞ」

「わかっております。この信康《のぶやす》ももう十五。りっぱに一軍《ぐん》を率《ひき》いて、父上《ちちうえ》のお役《やく》に立《た》ってみせまする」

そう言《い》って、信康《のぶやす》は笑《わら》った。

この年《とし》の七月《がつ》、織田信長《おだのぶなが》はついに、将軍足利義昭《しょうぐんあしかがよしあき》を京《きょう》から追放《ついほう》した。続《つづ》いて八月《がつ》には、長《なが》い間抵抗《あいだていこう》を続《つづ》けていた浅井氏《あざいし》・朝倉氏《あさくらし》を攻《せ》め滅《ほろ》ぼす。もはや、信長《のぶなが》の勢《いきお》いを止《と》める者《もの》は誰《だれ》もいなかった。

2　長篠《ながしの》の戦《たたか》い

それから二年《ねん》。

家康《いえやす》は、武田《たけだ》によって奪《うば》われた三河《みかわ》・遠江《とおとうみ》の領土《りょうど》を取《と》りもどすための戦《たたか》いを続《つづ》けていた。一進一退《いっしんいったい》の攻防《こうぼう》の中《なか》、天正《てんしょう》二年《ねん》（一五七四年《ねん》）五月《がつ》、勝頼《かつより》は二万《まん》五千《せん》の大軍《たいぐん》を率《ひき》いて、遠江《とおとうみ》と駿河《するが》の国境《くにざかい》にある徳川方《とくがわがた》の高天神城《たかてんじんじょう》に攻《せ》めかかり、これを攻略《こうりゃく》。さらに翌年《よくとし》五月《がつ》には徳川《とくがわ》が先年《せんねん》、武田《たけだ》から奪還《だっかん》したばかりの長篠城《ながしのじょう》を包囲《ほうい》した。

長篠城《ながしのじょう》は奥三河《おくみかわ》の交通《こうつう》の要所《ようしょ》を守《まも》る重要《じゅうよう》な城《しろ》だ。ここを再《ふたた》び奪《うば》われることは絶対《ぜったい》にあってはならない。

家康《いえやす》は、岐阜城《ぎふじょう》にいた信長《のぶなが》に、援軍《えんぐん》を要請《ようせい》した。

「待《ま》たせたのう、徳川《とくがわ》どの」

信長自《のぶながみずか》らが三万《まん》という大軍《たいぐん》を率《ひき》いて、岡崎《おかざき》に現《あらわ》れたのは、五月半《がつなか》ばのことだった。

信長《のぶなが》も、ここが正念場《しょうねんば》と見《み》たのだろう。織田軍《おだぐん》には、信長《のぶなが》の嫡男《ちゃくなん》・信忠《のぶただ》をはじめ、羽柴《はしば》秀吉《ひでよし》、前田利家《まえだとしいえ》、丹羽長秀《にわながひで》、柴田勝家《しばたかついえ》と、重臣《じゅうしん》がずらりと顔《かお》を並《なら》べている。

「昨年《さくねん》の高天神城《たかてんじんじょう》の時《とき》は、加勢《かせい》が間《ま》に合《あ》わずすまなんだ。今度《こんど》こそ、ともに武田《たけだ》を叩《たた》いてやろうぞ」

信長《のぶなが》はにやりと笑《わら》う。

「たいへんなご加勢《かせい》、心《こころ》より感謝《かんしゃ》いたします」

家康《いえやす》は信長《のぶなが》に広間《ひろま》の上段《じょうだん》を譲《ゆず》った。信長《のぶなが》は、当然《とうぜん》のようにそこに腰《こし》を下《お》ろす。

「勝頼《かつより》のやつ、難攻不落《なんこうふらく》と謳《うた》われ、信玄坊主《しんげんぼうず》も落《お》とせなかったという高天神《たかてんじん》を落《お》として調《ちょう》子《し》づいておるわ。だが、世《よ》の中《なか》に、偉大《いだい》な父《ちち》の下《もと》に生《う》まれた子《こ》がそれに勝《まさ》ることなど、まあ滅多《めった》にあるものではない」

くくく、と笑《わら》いながら、信長《のぶなが》は、自分《じぶん》の息子《むすこ》である信忠《のぶただ》を見《み》た。信忠《のぶただ》は無言《むごん》で頭《あたま》を下《さ》げたが、特《とく》に腹《はら》を立《た》てたようすもない。いつものことなのだろう。

「長篠城《ながしのじょう》はこのとおり、ふたつの川《かわ》が合流《ごうりゅう》する断崖《だんがい》の上《うえ》にございます。武田《たけだ》はこの城《しろ》の北《きた》の山手《やまて》に四つの砦《とりで》を築《きず》き、勝頼《かつより》の本隊《ほんたい》三千《ぜん》をはじめ、総勢《そうぜい》一万《まん》五千《せん》にてぐるりを取《と》り囲《かこ》んでおります」

家康《いえやす》は、信長《のぶなが》の前《まえ》に、あらかじめ調《しら》べさせた武田《たけだ》の布陣《ふじん》図《ず》を広《ひろ》げた。

「妥当《だとう》な陣立《じんだ》てだな――信玄坊主《しんげんぼうず》はよう仕込《しこ》んでおるわ」

「ご指示《しじ》どおり、三千本《ぜんぼん》の丸太《まるた》は手配《てはい》いたしました。これで砦《とりで》を築《きず》くのですか?」

家康《いえやす》が尋《たず》ねると、信長《のぶなが》は、にやりと笑《わら》った。

「これからの戦《いくさ》はのう、徳川《とくがわ》どの。鉄砲《てっぽう》よ」

*

織田《おだ》・徳川《とくがわ》連合軍《れんごうぐん》三万《まん》八千《せん》は、五月《がつ》十八日《にち》に長篠城《ながしのじょう》の南西《なんせい》にある設楽原《したらがはら》に着陣《ちゃくじん》した。

設楽原《したらがはら》は、原《はら》と呼《よ》ばれているが、実際《じっさい》は何本《なんぼん》もの沢《さわ》にそって湿地帯《しっちたい》と低《ひく》い丘《おか》が連《つら》なり、見通《みとお》しは悪《わる》い。

だが、信長《のぶなが》はその見通《みとお》しの悪《わる》さ――敵陣《てきじん》からもこちらがよく見《み》えないことを利用《りよう》し、自軍《じぐん》を小勢《こぜい》に分《わ》けてあちこちに布陣《ふじん》した。そして、流《なが》れる沢《さわ》を堀《ほり》に見立《みた》て、丘《おか》の斜面《しゃめん》には持《も》ちこんだ数千本《すうせんぼん》の丸太《まるた》で馬防柵《ばぼうさく》と土塁《どるい》を築《きず》いた。

山手《やまて》に布陣《ふじん》している武田軍《たけだぐん》を、この場所《ばしょ》へ誘《さそ》いだし、柵木《さくぎ》の後《うし》ろから、三千挺《ぜんちょう》を超《こ》える鉄砲《てっぽう》で、ひっきりなしに撃《う》ちかけようというのだ。

「敵《てき》はおよそ一万《まん》五千《せん》。長篠城《ながしのじょう》にいくらか守《まも》りを残《のこ》したのみで、こちらに押《お》しだしてきたもようです」

二十日《か》の夜《よる》、戦場後方《せんじょうこうほう》の寺《てら》に置《お》かれた信長《のぶなが》の陣内《じんない》で、織田軍《おだぐん》・徳川軍《とくがわぐん》の各将《かくしょう》が集《つど》っての軍議《ぐんぎ》が開《ひら》かれていた。

「これこそまたとない好機《こうき》よ。武田勢《たけだぜい》は一兵残《いっぺいのこ》らず討《う》ち果《は》たす」

信長《のぶなが》は笑《わら》う。

「おそれながら、それがしに考《かんが》えがございます」

そう言《い》ったのは酒井忠次《さかいただつぐ》だった。

「今夜《こんや》のうちに、東《ひがし》より尾根伝《おねづた》いに回《まわ》りこみ、長篠城《ながしのじょう》の裏手《うらて》を囲《かこ》む武田《たけだ》の四つの砦《とりで》を落《お》とすのはいかがでしょう。そのまま長篠城《ながしのじょう》を開放出来《かいほうでき》ればしめたもの。背後《はいご》を突《つ》かれて混乱《こんらん》した武田《たけだ》は、こちらへ打《う》って出《で》るしかなくなります」

それはよき案《あん》だ、と家康《いえやす》は思《おも》ったが、信長《のぶなが》はぎろりと忠次《ただつぐ》をにらみつけた。

「愚《おろ》か者《もの》！　それは卑劣《ひれつ》な策《さく》だ！　そのようなことは織田《おだ》はせぬ！」

「こ、これは、差《さ》し出《で》たことを申《もう》しました！」

忠次《ただつぐ》は深々《ふかぶか》と頭《あたま》を下《さ》げた。

控《ひか》えていた他《ほか》の徳川家臣《とくがわかしん》たちに動揺《どうよう》が走《はし》る。織田《おだ》の将《しょう》たちは知《し》らぬ顔《かお》だ。

そのまま、細々《こまごま》としたことを取《と》り決《き》め、決戦《けっせん》は慣例通《かんれいどお》り明朝日《みょうちょうひ》の出《で》となった。

徳川《とくがわ》の将《しょう》たちは、釈然《しゃくぜん》としないまま、家康《いえやす》の陣地《じんち》に引《ひ》きあげる。

「これでは、まるで織田《おだ》の戦《いくさ》のようではありませぬか！　なぜ我《われ》らが織田《おだ》の言《い》うとおりに戦《たたか》わねばならぬのです！」

三《み》つ葉葵《ばあおい》の陣幕《じんまく》に戻《もど》ったとたん、本多忠勝《ほんだただかつ》が吠《ほ》え立《た》てた。

「なーにが卑劣《ひれつ》か！　忠次《ただつぐ》どのの策《さく》はもっともではないですか！」

家康《いえやす》は、うーむ、とうなった。

「織田《おだ》どのにもお考《かんが》えがあるのだろう……我《われ》らにも何《なに》か伏《ふ》せておられるやもしれぬ」

と、その時《とき》。ひょい、と陣幕《じんまく》をまくって、誰《だれ》かが顔《かお》を出《だ》した。

「誰《だれ》じゃあ！」

勢《いきお》いのままに忠勝《ただかつ》が怒鳴《どな》りつけた。だが、相手《あいて》の顔《かお》が篝火《かがりび》の明《あ》かりにはっきり見《み》えたとたん、ひっ、と身《み》を引《ひ》く。

「こ、これは、羽柴秀吉《はしばひでよし》どの……」

忠勝《ただかつ》はあわあわとしながら後《うし》ろに下《さ》がった。先《さき》ほどまで信長《のぶなが》の陣屋《じんや》で顔《かお》を合《あ》わせていた織田軍《おだぐん》の将《しょう》のひとり、木下改《きのしたあらた》め羽柴秀吉《はしばひでよし》だった。

秀吉《ひでよし》は、そのサルに似《に》た奇妙《きみょう》な風貌《ふうぼう》をくしゃくしゃとほころばせながら、親《した》しげに家康《いえやす》に近寄《ちかよ》ってきた。

「ややや徳川《とくがわ》さま。先年《せんねん》の金ケ崎《かねがさき》の時《とき》は、まことにありがとうございました」

金ケ崎《かねがさき》、とは、五年前《ねんまえ》、信長《のぶなが》が越前《えちぜん》の朝倉義景《あさくらよしかげ》と戦《たたか》った時《とき》のことである。突然《とつぜん》の浅井長政《あざいながまさ》の裏切《うらぎ》りにより、信長軍《のぶながぐん》は決死《けっし》の撤退戦《てったいせん》を余儀《よぎ》なくされた。その時《とき》、もっとも危険《きけん》な殿軍《でんぐん》（最後尾《さいこうび》）を請《う》け負《お》ったのが秀吉《ひでよし》の手勢《てぜい》で、徳川軍《とくがわぐん》はそれを手助《てだす》けしてやったのだ。

「何《なに》を言《い》われる。そのことはもう幾度《いくど》となく礼《れい》を尽《つ》くしていただきました」

まさか、それを言《い》うために？　と、といぶかしむ家康《いえやす》に、秀吉《ひでよし》は人《ひと》なつこく笑《わら》いかけた。

「いえいえ、あのことは何度礼《なんどれい》を言うても言《い》い足《た》りるものではございません」

そう言《い》いつつ、さらに家康《いえやす》に近《ちか》づく。そして、そっと耳元《みみもと》に囁《ささや》いた。

「さきほどの酒井《さかい》どのの策《さく》、殿《との》が、やってみよ、と仰《おお》せでございます」

「なんと」

家康《いえやす》は驚《おどろ》いた。秀吉《ひでよし》は、あっけにとられている酒井忠次《さかいただつぐ》を手招《てまね》きする。

「軍議中《ぐんぎちゅう》は誰《だれ》が聞《き》き耳《みみ》を立《た》てておるかわかりませぬので。奇襲《きしゅう》は誰《だれ》にも知《し》られぬからこそ奇襲《きしゅう》でございますからな」

秀吉《ひでよし》は、にやりと笑《わら》った。

「こちらから鉄砲五百《てっぽうひゃく》と弓兵千五百《きゅうへいせんひゃく》を出《だ》しまする。そちらも弓《ゆみ》と鉄砲《てっぽう》の巧《たく》みな者《もの》を二千《せん》ばかり選《よ》りすぐっていただき、総勢《そうぜい》四千《せん》で向《む》かいましょう。大将《たいしょう》は酒井《さかい》どのにお願《ねが》いいたす」

「かしこまりました！」

秀吉《ひでよし》は、興奮《こうふん》で顔《かお》を赤《あか》らめている忠次《ただつぐ》を、家康《いえやす》を、それから他《ほか》の家臣《かしん》たちを順々《じゅんじゅん》に眺《なが》め回《まわ》す。

「うちの殿《との》はああいうお方《かた》ですし、なにかとお腹立《はらだ》ちのこともありましょうが、我《われ》らはみなさまにご助力《じょりょく》しに参《まい》りましたので。どうぞどーんと、大船《おおぶね》に乗《の》ったつもりで！　明日《あす》はともに勝《か》ちどきを上《あ》げましょうぞ！」

秀吉《ひでよし》のその明《あか》るさに、さっきまで苛立《いらだ》っていた家臣《かしん》たちは、毒気《どくけ》を抜《ぬ》かれたようにうなずいた。

*

夜明《よあ》け前《まえ》。

酒井忠次《さかいただつぐ》率《ひき》いる別働隊《べつどうたい》は、作戦通《さくせんどお》り、東《ひがし》の山伝《やまづた》いに回《まわ》りこみ、長篠城《ながしのじょう》を囲《かこ》んでいる武田《たけだ》の四つの砦《とりで》を急襲《きゅうしゅう》。みごとにこれを落《お》とすことに成功《せいこう》した。

やがて日《ひ》の出《で》とともに、長篠城《ながしのじょう》から救援到着《きゅうえんとうちゃく》の狼煙《のろし》が上《あ》がる。

勢《いきお》いをかって、酒井隊《さかいたい》は山《やま》の上《うえ》から、下方《かほう》に陣《じん》を取《と》っていた武田軍《たけだぐん》に押《お》しかかり、さらに、羽柴秀吉隊《はしばひでよしたい》が北西《ほくせい》の丘陵《きゅうりょう》を伝《つた》って、側面《そくめん》からも鉄砲《てっぽう》を撃《う》つ。

これによって、武田軍《たけだぐん》は、もはや、織田《おだ》・徳川《とくがわ》の本隊《ほんたい》に向《む》かって突撃《とつげき》する以外《いがい》の道《みち》を失《うしな》ったのである。

「放《はな》てーっ‼」

「間《ま》を空《あ》けるな！」

朝霧《あさぎり》も消《き》えぬ設楽原《したらがはら》に、銃声《じゅうせい》が響《ひび》きわたる。

織田軍《おだぐん》の、訓練《くんれん》された鉄砲足軽《てっぽうあしがる》たちが、馬防柵《ばぼうさく》の内側《うちがわ》にずらりと並《なら》び、突撃《とつげき》してくる武《たけ》田軍《だぐん》に入《い》れ替《か》わり立《た》ち替《か》わり激《はげ》しく撃《う》ちかけた。

鉄砲《てっぽう》は、弾《たま》をこめるのに時間《じかん》がかかるのが致命的《ちめいてき》な難点《なんてん》だと言《い》われ続《つづ》けていたが、これだけの数《かず》があれば、そのようなことはもはやどうでもよくなってしまうのだ。

梅雨時《つゆどき》の、ぬかるんだ湿地帯《しっちたい》に足《あし》を取《と》られ、鉄砲《てっぽう》の大音声《だいおんじょう》におびえ、馬《うま》たちは立《た》ちすくむ。そこへ柵《さく》の奥《おく》から、無数《むすう》の弾丸《だんがん》が降《ふ》り注《そそ》ぐ。

落馬《らくば》し、負傷《ふしょう》し、身動《みうご》きが取《と》れなくなったところへ、今度《こんど》は織田《おだ》・徳川軍《とくがわぐん》の兵《へい》たちが飛《と》びだして襲《おそ》いかかる。武田兵《たけだへい》は泥《どろ》の中《なか》に押《お》さえつけられ、次々《つぎつぎ》に首《くび》を取《と》られていく。

武田方《たけだがた》の陣太鼓《じんだいこ》も、雄叫《おたけ》びも、銃声《じゅうせい》にかき消《け》された。

音《おと》に聞《き》こえた武田《たけだ》の勇猛《ゆうもう》な大将《たいしょう》たちが。

無敵《むてき》を誇《ほこ》った風林火山《ふうりんかざん》の騎馬軍団《きばぐんだん》が。

鉛弾《なまりだま》の雨《あめ》の中《なか》を、策《さく》もなくがむしゃらな突進《とっしん》を繰《く》り返《かえ》し、散《ち》っていく。

武田《たけだ》の家紋《かもん》・四つ割《わ》り菱《ひし》の旗《はた》が、泥《どろ》にまみれて地《ち》に落《お》ちていく。

「……なんということか……」

陣《じん》から戦場《せんじょう》を見下《みお》ろしながら、家康《いえやす》はうなった。

たった二年前《ねんまえ》に、自分《じぶん》をあれほど追《お》い詰《つ》めた武田《たけだ》の騎馬隊《きばたい》が、今《いま》、累々《るいるい》と屍《しかばね》をさらしている。

夏《なつ》の早《はや》い日《ひ》の出《で》とともに始《はじ》まった戦《いくさ》は、昼過《ひるす》ぎには行方《ゆくえ》を決《けっ》した。

武田軍《たけだぐん》の名将《めいしょう》たちの首《くび》が、次々《つぎつぎ》に徳川《とくがわ》の陣屋《じんや》に運《はこ》ばれてくる。

おそらく、自軍《じぐん》の死者《ししゃ》は、織田《おだ》・徳川《とくがわ》を合《あ》わせても、数十人程度《すうにんていど》だろう。だが武田《たけだ》は数《すう》千人《せんにん》――あるいは一万《まん》を超《こ》えるかもしれない。

勝頼《かつより》は、わずか数百《すうひゃく》の兵《へい》に守《まも》られて、北《きた》へと撤退《てったい》していったという。

「終《お》わったのう、徳川《とくがわ》どの」

ゆらり、と、信長《のぶなが》が数人《すうにん》の小姓《こしょう》とともに家康《いえやす》の陣《じん》に現《あらわ》れた。

「はい……このたびは、ご加勢《かせい》まことにありがとうございました」

「なんの。これで勝頼《かつより》は当分動《とうぶんうご》けぬであろう。この間《あいだ》に、武田《たけだ》に奪《うば》われた領内《りょうない》の城《しろ》をみな取《と》りもどされるがよい。わしも、これで西《にし》に集中《しゅうちゅう》出来《でき》るというものよ」

薄《うす》く笑《わら》った信長《のぶなが》を見《み》つめながら、家康《いえやす》は、ぞっとするような畏怖《いふ》の念《ねん》を覚《おぼ》えた。

器《うつわ》が違《ちが》う。

狭《せま》い三河《みかわ》の領土《りょうど》すら守《まも》りきれず汲々《きゅうきゅう》としている自分《じぶん》など、物《もの》の数《かず》ではない。

この人《ひと》は、必《かなら》ず天下《てんか》を取《と》るであろう、と家康《いえやす》は思《おも》った。

百年続《ひゃくねんつづ》いた戦国《せんごく》の世《よ》が、もうすぐ終《お》わる。

この人《ひと》が終《お》わらせるのだ、と。

3 信康《のぶやす》

「なんと、なんと小《ち》さいな。え、この手《て》……この足《あし》……全部《ぜんぶ》にちゃんと爪《つめ》があるぞ」

家康《いえやす》は、目《め》の前《まえ》の布団《ふとん》に寝《ね》かせられた、生《う》まれたばかりの赤子《あかご》をしげしげと眺《なが》めた。

「まあ、殿《との》は、初《はじ》めてのお子《こ》でもないのに……」

かたわらで微笑《ほほえ》んでいるのは、お愛《あい》の方《かた》、と呼《よ》ばれている家康《いえやす》の側室《そくしつ》だ。

天正《てんしょう》七年《ねん》（一五七九年《ねん》）四月《がつ》。家康《いえやす》は三十八歳《さい》になっていた。

正室《せいしつ》である築山御前《つきやまごぜん》と疎遠《そえん》になってからずいぶんになる。生《う》まれた子《こ》どもの五人《にん》にひとりは幼《おさな》くして死《し》ぬこの時代《じだい》、たくさんの子《こ》どもを作《つく》ることもまた、武家《ぶけ》の当主《とうしゅ》としての務《つと》めだ。家康《いえやす》はこのころには、数人《すうにん》の側室《そくしつ》を持《も》っていた。

このほどお愛《あい》の方《かた》が産《う》んだ男児《だんじ》は、長丸《ちょうまる》と名付《なづ》けられた。五年《ねん》ほど前《まえ》に別《べつ》の側室《そくしつ》（お万《まん》の方《かた》）が産《う》んだ於義丸《おぎまる》に続《つづ》く、家康《いえやす》の三男《なん》になる。

「信康《のぶやす》が生《う》まれた時《とき》は、わしもまだ十八でな。赤子《あかご》を見《み》ても特《とく》に可愛《かわい》いとも思《おも》わず、なにやら恐《おそ》ろしいような気《き》もして、ろくに会《あ》いにもいかなかった……於義丸《おぎまる》は実《じつ》は双子《ふたご》で、育《そだ》つかどうかもわからなんだので、三つになるまでお万《まん》の実家《じっか》に預《あず》けておったのだ」

「まあ、それは初《はじ》めて聞《き》きました。もうおひとりはどうなさったのです？」

お愛《あい》の方《かた》は柔《やわ》らかい声《こえ》で尋《たず》ねた。この時代《じだい》、双子《ふたご》はあまり好《す》かれないので、生《う》まれたこと自体《じたい》を秘密《ひみつ》にすることも多《おお》い。

「養子《ようし》に出《だ》した。無事《ぶじ》に育《そだ》ってはおるようだ」

家康《いえやす》は、言《い》いながら改《あらた》めて赤子《あかご》に触《ふ》れる。そっと小《ちい》さな手《て》の平《ひら》をつつくと、ぎゅっと指《ゆび》先《さき》を握《にぎ》りしめられた。

「なんと、力《ちから》の強《つよ》いことだ。赤子《あかご》とはこんなにも愛《いと》しいものか」

家康《いえやす》は、しみじみと言《い》った。

赤《あか》ん坊《ぼう》だけではない。お愛《あい》の方自身《かたじしん》もまた、おっとりとして優《やさ》しい、側《そば》にいるだけで幸《しあわ》せな気持《きも》ちになるような女《おんな》だった。

武田《たけだ》との戦《いくさ》はまだ続《つづ》いている。家康《いえやす》はいくつもの城《しろ》を取《と》り返《かえ》したが、まだ、一番大切《いちばんたいせつ》な高天神城《たかてんじんじょう》が残《のこ》っていた。心《こころ》の安《やす》まる時《とき》の少《すく》ない家康《いえやす》に、お愛《あい》の方《かた》はつかのまのぬくもりをもたらしてくれた。

お愛《あい》の方《かた》はふくよかな頬《ほお》にえくぼを浮《う》かべる。

「そのお気持《きも》ち、信康《のぶやす》さまや築山御前《つきやまごぜん》にも向《む》けて差《さ》し上《あ》げてくださいまし。今《いま》からでも決《けっ》して遅《おそ》くはありませんよ」

「そうかのう」

家康《いえやす》は、藤《ふじ》の花《はな》の咲《さ》く庭先《にわさき》に目《め》をやりながらつぶやいた。

——だが。残念《ざんねん》ながら、それは少《すこ》し、遅《おそ》かったのだった。

＊

「岡崎《おかざき》に反逆《はんぎゃく》の動《うご》きあり」

東三河《ひがしみかわ》を預《あず》けていた酒井忠次《さかいただつぐ》により、その知《し》らせがもたらされた時《とき》、家康《いえやす》は全身《ぜんしん》の血《ち》の気《け》が引《ひ》くような気《き》がした。

岡崎城下《おかざきじょうか》の家臣《かしん》たちの一部《いちぶ》が、武田《たけだ》と内通《ないつう》し家康《いえやす》の暗殺《あんさつ》を企《くわだ》てていた、というのである。

「いったいどういうことだ。信康《のぶやす》はそれに関《かか》わっているのか！」

忠次《ただつぐ》の話《はなし》はこうだった。

武田《たけだ》との戦場《せんじょう》が三河《みかわ》から遠江《とおとうみ》へと移《うつ》ったことで、岡崎《おかざき》は距離的《きょりてき》に戦《いくさ》から遠《とお》のいてしまった。そのためどうしても、浜松《はままつ》の家康旗本衆《いえやすはたもとしゅう》、忠次《ただつぐ》の下《もと》の東三河衆《ひがしみかわしゅう》は戦《いくさ》で働《はたら》き、信康《のぶやす》の下《もと》の西三河《にしみかわ》・岡崎衆《おかざきしゅう》は武具《ぶぐ》や兵糧《ひょうろう》の調達《ちょうたつ》、負傷者《ふしょうしゃ》の世話《せわ》などを振《ふ》り当《あ》てられることになる。戦《いくさ》で首《くび》をいくつ取《と》ったかが評価《ひょうか》されるこの時代《じだい》、それらは軽《かろ》んじられがちだ。

また、家臣《かしん》には、織田《おだ》と徳川《とくがわ》の今《いま》の関係《かんけい》が対等《たいとう》な同盟《どうめい》ではない、まるで臣従《しんじゅう》させられているようだ、と不満《ふまん》を漏《も》らす者《もの》も多《おお》い。

「築山御前《つきやまごぜん》を頼《たよ》ってまいった、旧今川家《きゅういまがわけ》の家臣《かしん》なども、岡崎《おかざき》にはおりますので。みんなして昔語《むかしがた》りなどすると、どうしても織田憎《おだにく》しという話《はなし》になりまするようで」

忠次《ただつぐ》はさらに、言《い》いにくそうに付《つ》け足《た》した。

「御前《ごぜん》ご本人《ほんにん》は深《ふか》いお考《かんが》えのない方《かた》ですが、織田家《おだけ》の娘《むすめ》である徳姫《とくひめ》さまをよく思《おも》ってはおられないのが傍目《はため》にも明《あき》らかで。信康《のぶやす》さまもまた、織田《おだ》に対《たい》する反抗心《はんこうしん》がそのまま、徳姫《とくひめ》さまに向《む》いておられるごようすで」

信康《のぶやす》と徳姫《とくひめ》の間《あいだ》には女児《じょじ》しかいない。築山御前《つきやまごぜん》は、跡取《あとと》りの男児《だんじ》がいないことを心配《しんぱい》し、徳姫《とくひめ》に無断《むだん》で、信康《のぶやす》に側室《そくしつ》を与《あた》えていた。信康《のぶやす》は近頃《ちかごろ》はまったく徳姫《とくひめ》のところへは顔《かお》を出《だ》していないという。

そこへ、今度《こんど》は、浜松《はままつ》の家康《いえやす》に男児《だんじ》が生《う》まれた。岡崎衆《おかざきしゅう》の間《あいだ》では、家康《いえやす》がその男児《だんじ》に家督《かとく》を譲《ゆず》り、信康《のぶやす》を廃嫡《はいちゃく》するのではないかと言《い》いだす者《もの》が出《で》ているらしい。

「そうなる前《まえ》にわしを殺《ころ》して、武田《たけだ》と結《むす》び、織田《おだ》と手《て》を切《き》ってしまえという家臣《かしん》どもに、ふたりして担《かつ》ぎ上《あ》げられたというのだな」

家康《いえやす》は呆然《ぼうぜん》とつぶやいた。

「もちろん、おふたりとも決《けっ》して、ご自分《じぶん》からそのようなことをおっしゃっているわけではございませんが。しかし、よからぬ動《うご》きをしている家臣《かしん》どもを野放《のばな》しにしていたのは確《たし》かかと」

忠次《ただつぐ》は、いつになく歯切《はぎ》れが悪《わる》い。

「実際《じっさい》に武田《たけだ》と密書《みっしょ》などやりとりしていた者《もの》どもはもう処罰《しょばつ》いたしましたが……」

「自分《じぶん》たちの耳《みみ》に心地《ここち》よいことを言《い》うてくれる者《もの》たちばかりを周《まわ》りに置《お》いて、いさめてくれる者《もの》を遠《とお》ざけているからそのようなことになるのだ——もうよい。あとはわしが、直《じか》に話《はなし》を聞《き》きにいく」

家康《いえやす》はため息《いき》をついた。


「反逆《はんぎゃく》など、根《ね》も葉《は》もない噂《うわさ》でございます」

岡崎城《おかざきじょう》にやってきた家康《いえやす》の前《まえ》に深《ふか》く頭《こうべ》を垂《た》れながら、信康《のぶやす》は言《い》った。

「わしとて、そなたや瀬名《せな》が武田《たけだ》と通《つう》じておるなどとは思《おも》っておらぬ。岡崎衆《おかざきしゅう》にあれこれと不満《ふまん》が溜《た》まっておるのも知《し》っておる。だが、それをなだめてこその城主《じょうしゅ》ではないか」

家康《いえやす》は、若《わか》い息子《むすこ》に諭《さと》すように語《かた》りかけた。

「今《いま》、織田《おだ》から武田《たけだ》へ乗《の》り換《か》えるなど、時勢《じせい》を読《よ》めぬにもほどがあろう。首尾《しゅび》よく武田《たけだ》を退《しりぞ》けられれば、元今川領《もといまがわりょう》であった駿河《するが》は徳川《とくがわ》に、と、信長公《のぶながこう》はお約束《やくそく》くだされた。そうなればみなに大《おお》きく加増《かぞう》してやれる。よくよくそれを母御《ははご》と家臣《かしん》たちに言《い》うてきかせよ。今《いま》しばらくの辛抱《しんぼう》だ。瀬名《せな》も、生《う》まれ故郷《こきょう》に帰《かえ》れるのだぞ」

信康《のぶやす》は少《すこ》しの間黙《あいだだま》っていたが、やがて不服《ふふく》そうに顔《かお》を上《あ》げた。

「……なぜ、我《われ》らが織田《おだ》どのから所領《しょりょう》をいただかねばならぬのです。わたしは、父上《ちちうえ》のその、織田《おだ》にへりくだった態度《たいど》が腑《ふ》に落《お》ちませぬ」

「信康《のぶやす》！」

思《おも》わずしかりつけようとした家康《いえやす》を、信康《のぶやす》はさえぎった。

「駿河《するが》をとりたいなら、自《みずか》らの手《て》でおとりなさるがよい。わたしは歯《は》がゆいのです。父上《ちちうえ》ならそれが出来《でき》るはず。なぜいつも織田《おだ》の顔色《かおいろ》をうかがい、頭《あたま》を下《さ》げなさる！」

家康《いえやす》は一瞬言葉《いっしゅんことば》を失《うしな》ったが、やがて、きっ、と息子《むすこ》をにらみつけた。

「……それでは、自《みずか》ら噂《うわさ》に根《ね》も葉《は》もあることと言《い》うておるように聞《き》こえるぞ」

「噂《うわさ》の元《もと》になった愚《おろ》か者《もの》どもはもう成敗《せいばい》いたしました。それでよろしかろう」

信康《のぶやす》は、荒々《あらあら》しく立《た》ち上《あ》がった。

「お話《はなし》はそれだけとお見受《みう》けしました。ではごめん」

「信康《のぶやす》！」

呼《よ》び止《と》める父《ちち》の声《こえ》を聞《き》かず、息子《むすこ》は広間《ひろま》を後《あと》にした。

縁側《えんがわ》に控《ひか》えてようすをうかがっていた信康《のぶやす》の守《も》り役《やく》たちが、慌《あわ》てて飛《と》びこんでくる。

「殿《との》！　どうか、どうか若殿《わかとの》さまをお許《ゆる》しください！　このようなことになりましたは、守《も》り役《やく》を仰《おお》せつかったわたくしどもの落《お》ち度《ど》でございます！」

家康《いえやす》は、彼《かれ》らを振《ふ》り払《はら》うように縁側《えんがわ》へ出《で》た。

そして、その足《あし》で、東曲輪《ひがしくるわ》の築山御前《つきやまごぜん》の元《もと》へ向《む》かう。

だが――彼女《かのじょ》は、やはり決《けっ》して家康《いえやす》に会《あ》おうとはしなかったのである。

＊

家康《いえやす》は、浜松《はままつ》の屋敷《やしき》の庭《にわ》で、ひとり刀《かたな》を振《ふ》るっていた。

梅雨《つゆ》は明《あ》けたが星《ほし》も見《み》えず、縁先《えんさき》の松明《たいまつ》に羽虫《はむし》が群《むら》がっている。

黙々《もくもく》と、家康《いえやす》は刀《かたな》を振《ふ》り下《お》ろす。見《み》えない敵《てき》を切《き》るように。

「殿《との》。もはや夜《よる》も遅《おそ》うございます。どうかお休《やす》みください」

縁先《えんさき》から、ためらいがちに声《こえ》をかけてきたのは、長篠《ながしの》の戦《いくさ》の前《まえ》から家康《いえやす》の小姓《こしょう》に上《あ》がった井伊万千代《いいまんちよ》である。

「誰《だれ》も来《く》るなと申《もう》したであろう」

「申《もう》し訳《わけ》ございませぬ！　しかし、お夕食《ゆうしょく》もほとんど召《め》し上《あ》がっておられぬとうかがいまして、みな心配《しんぱい》しております」

家康《いえやす》は、うるさい、と怒鳴《どな》りつけようとして、それをぐっと呑《の》みこんだ。

気持《きも》ちのままに、人《ひと》に当《あ》たり散《ち》らしてなんになる。

息《いき》を整《ととの》え、刀《かたな》を鞘《さや》に収《おさ》めて、ゆっくりと万千代《まんちよ》に向《む》き直《なお》る。

きまじめそうな顔《かお》で、まっすぐに家康《いえやす》を見《み》ている万千代《まんちよ》は、年格好《としかっこう》もちょうど信康《のぶやす》と同《おな》じほどだ。切《き》れ長《なが》の目元《めもと》もどこか似《に》ている。

「すまぬ。どうしても眠《ねむ》れぬのだ——そなた、少《すこ》し話《はな》し相手《あいて》になってはくれぬか」

「わたくしなどでよろしいのでしたら、喜《よろこ》んで」

かしこまって板間《いたま》に座《すわ》った万千代《まんちよ》のとなりに、家康《いえやす》は腰《こし》を下《お》ろした。そして、ぽつりぽつりと話《はな》しはじめる。

「わしは幼《おさな》いころから織田《おだ》へ今川《いまがわ》へと人質《ひとじち》に出《だ》されたゆえ、周《まわ》りにおるのは男《おとこ》の家臣《かしん》ばかりでな。母親《ははおや》とは早《はや》くに生《い》き別《わか》れ、ともに育《そだ》った兄弟《きょうだい》もおらず、そもそも夫婦《ふうふ》やら親子《おやこ》やらというものがようわからなんだ」

「………」

「子《こ》は親《おや》の鏡《かがみ》だというが、わしは信康《のぶやす》に、悪《わる》い手本《てほん》ばかりを見《み》せてしまった……元《もと》はといえばわしが、瀬名《せな》の扱《あつか》いに困《こま》って曖昧《あいまい》な立場《たちば》のまま岡崎《おかざき》に捨《す》て置《お》いたのが悪《わる》かったのだ。瀬名《せな》がわしを恨《うら》むのも道理《どうり》。また、信康《のぶやす》が徳姫《とくひめ》を軽《かろ》んじるは、わしが瀬名《せな》を軽《かろ》んじたことをまねておるにすぎぬ……」

「おそれながら……徳姫《とくひめ》さまと瀬名《せな》さまでは、あまりにもお立場《たちば》が違《ちが》いすぎます。瀬名《せな》さまにせよ若殿《わかとの》さまにせよ、それがわからぬ方《かた》ではございますまい」

万千代《まんちよ》は、少《すこ》しためらいながら、家康《いえやす》の顔《かお》を見《み》た。

「あの……このことは、わたくしなどから申《もう》し上《あ》げてよいのかどうかわからぬのですが」

「なんだ。なんでも申《もう》してみよ」

「殿《との》もご存《ぞん》じのとおり、わたくしは、今川《いまがわ》によって取《と》りつぶされた遠江《とおとうみ》の国衆《くにしゅう》、井伊家《いいけ》の生《い》き残《のこ》りでございますが——わたくしは国元《くにもと》の身内《みうち》から、瀬名《せな》さまの母君《ははぎみ》もまた、井伊《いい》の出身《しゅっしん》であるとうかがったことがあるのです」

「なに？　瀬名《せな》の母御《ははご》は、義元公《よしもとこう》の妹君《いもうとぎみ》ではないのか」

「はい――井伊《いい》から人質《ひとじち》に出《だ》した娘《むすめ》を、義元公《よしもとこう》の母君《ははぎみ》が養女《ようじょ》にされ、今川家《いまがわけ》の姫《ひめ》として家《か》臣《しん》に嫁《とつ》いだと聞《き》いております」

初耳《はつみみ》だった。この時代《じだい》の武家《ぶけ》では、実際《じっさい》の血《ち》のつながりよりは家《いえ》としての存続《そんぞく》の方《ほう》が重《じゅう》視《し》されていたので、今川家《いまがわけ》の養女《ようじょ》として嫁《か》したのなら、瀬名《せな》の母《はは》は「義元《よしもと》の妹《いもうと》」だ。それは決《けっ》してうそではない。しかし――……。

(万千代《まんちよ》と信康《のぶやす》が、どこか似《に》ていると思《おも》ったのは気《き》のせいではなく、血《ち》がつながっているからか……?)

「……瀬名《せな》は、それを知《し》っていたのだろうか?」

「わかりませぬ。ですが、もしご存《ぞん》じだったなら、瀬名《せな》さまは複雑《ふくざつ》なお気持《きも》ちを抱《いだ》かれていたかもしれませぬ」

今川義元《いまがわよしもと》の姪《めい》として家康《いえやす》に嫁《とつ》いだこと。けれど、本当《ほんとう》は義元《よしもと》とは血《ち》がつながってないということ。それは彼女《かのじょ》にとって、誇《ほこ》りであると同時《どうじ》に、傷《きず》であったのかもしれない。

家康《いえやす》は黙《だま》りこんでしまった。万千代《まんちよ》は板間《いたま》に額《ひたい》をすりつける。

「余計《よけい》なことを申《もう》しました。お許《ゆる》しください」

「いや、よう言《い》うてくれた――わしには本当《ほんとう》に、女子《おなご》の心《こころ》がわからぬ。息子《むすこ》の心《こころ》もな。

万千代《まんちよ》よ、信康《のぶやす》の考《かんが》えていることもそなたの方《ほう》がわかるのかもしれぬな」

「………」

万千代《まんちよ》は、しばらくまたためらっていたが、やがて顔《かお》を上《あ》げた。

「殿《との》は、長篠《ながしの》の戦《いくさ》の前《まえ》の軍議《ぐんぎ》で、信長《のぶなが》さまがおっしゃったことを覚《おぼ》えておいででしょうか」

「何《なん》のことだろう」

「わたくしは、廊下《ろうか》の方《ほう》で控《ひか》えておりましたので漏《も》れ聞《き》いただけにございますが、確《たし》か、『偉大《いだい》な父《ちち》の下《もと》に生《う》まれた子《こ》がそれに勝《まさ》ることは滅多《めった》にない』というようなことを」

「ああ、確《たし》かに言《い》われたな」

「それを聞《き》いた時《とき》、わたくしはヒヤリといたしました。いったいこれは誰《だれ》のことを言《い》っておられるのかと」

「それは武田《たけだ》の勝頼《かつより》であろう」

「あの軍議《ぐんぎ》には、若殿《わかとの》さまも出《で》ておられました。若殿《わかとの》さまはもしや、ご自分《じぶん》に対《たい》する皮肉《ひにく》だと思《おも》われたのでは？」

家康《いえやす》は絶句《ぜっく》した。

「いや、信長公《のぶながこう》は、ご自分《じぶん》のご嫡男《ちゃくなん》・信忠《のぶただ》どのの顔《かお》を見《み》ながら言《い》っておられたはず」

「殿《との》からはそれがはっきり見《み》えたでしょうが、若殿《わかとの》さまからはどうでしょう」

「……しかし、わしは偉大《いだい》な父《ちち》などではない……」

「若殿《わかとの》さまは、そう思《おも》ってはおられないと思《おも》います。ずっと焦《あせ》っておられたのではないでしょうか。はやく父《ちち》を超《こ》えたい、そして織田《おだ》さまを見返《みかえ》したい、と」

万千代《まんちよ》の言葉《ことば》に、家康《いえやす》は思《おも》わず涙《なみだ》をこぼした。

「もしそうであるなら、なんと愚《おろ》かなことだ。信康《のぶやす》はまだ二十一。これから手柄《てがら》などいくらでも立《た》てられように……」

もはや、こうなっては、信康《のぶやす》が反逆《はんぎゃく》に荷担《かたん》していたか、何《なに》も知《し》らなかったかは問題《もんだい》ではない。この騒動《そうどう》は、ついに信長《のぶなが》の耳《みみ》にも届《とど》いてしまったのだ。

信長《のぶなが》の娘《むすめ》である徳姫《とくひめ》が、父《ちち》に書状《しょじょう》を送《おく》ったのである。

書状《しょじょう》には、信康《のぶやす》が常日頃《つねひごろ》からいらいらとし、罪《つみ》のない領民《りょうみん》や侍女《じじょ》らを手討《てう》ちにしたことや、正室《せいしつ》の自分《じぶん》――つまり織田《おだ》の意向《いこう》を聞《き》かずに側室《そくしつ》を立《た》てた上《うえ》、その側室《そくしつ》が武田《たけだ》から寝返《ねがえ》った家臣《かしん》の娘《むすめ》であることなどが、細《こま》かく記《しる》されていた。

信長《のぶなが》は、取《と》り次《つ》ぎに立《た》った酒井忠次《さかいただつぐ》に、冷《ひ》ややかな声《こえ》で言《い》ったという。

「もう少《すこ》し見所《みどころ》のある婿《むこ》と思《おも》うておったがな。まあ、家康《いえやす》どのの思《おも》うとおりになされよ」

かつて、信長《のぶなが》は家康《いえやす》に、武家《ぶけ》の女《おんな》は家《いえ》と家《いえ》の間《あいだ》に打《う》ちこまれた楔《くさび》だと言《い》った。

徳姫《とくひめ》は、父《ちち》の言《い》いつけをよく守《まも》り、ずっと信康《のぶやす》の器《うつわ》を測《はか》っていたのだろう。

そして、おそらくは——見切《みき》りをつけられたのだ。

「……信長公《のぶながこう》は恐《おそ》ろしいお方《かた》だ。だがそれだからこそ、今《いま》、天下《てんか》に手《て》をかけておられるのだ。厭離穢土欣求浄土《おんりえどごんぐじょうど》の旗印《はたじるし》を掲《かか》げ戦《たたか》ってきたわしは、その希望《きぼう》を信長《のぶなが》さまに託《たく》そうと思《おも》っておる。その志《こころざし》を理解出来《りかいでき》ぬものを、もはや嫡男《ちゃくなん》と認《みと》めるわけにはいかぬ」

涙《なみだ》に濡《ぬ》れた顔《かお》を上《あ》げた家康《いえやす》の目《め》に、冷《つめ》たい覚悟《かくご》が宿《やど》っているのを見《み》て、万千代《まんちよ》は驚《おどろ》いたように身《み》を乗《の》りだす。

「し、しかし、実際《じっさい》に動《うご》いていた不心得者《ふこころえもの》はもうご処分《しょぶん》なされたのですから……」

家康《いえやす》は、肩《かた》を震《ふる》わせながら言《い》った。

「家臣《かしん》を斬《き》ってそれでよし、としては、当主《とうしゅ》としてのしめしがつかぬ。かつてわしが今川《いまがわ》と手《て》を切《き》った時《とき》、家臣《かしん》の妻子《さいし》が何人《なんにん》も見《み》せしめに殺《ころ》された。瀬名《せな》と信康《のぶやす》は、その命《いのち》と引《ひ》き換《か》えに生《い》かされたのだ。そのことをあれらにわかってもらえなんだことが、おそらくわしの罪《つみ》なのであろうなあ……」

残暑《ざんしょ》に焼《や》かれるころ、家康《いえやす》は二千《せん》の兵《へい》を率《ひき》いて、岡崎城《おかざきじょう》に乗《の》りこみ、嫡男《ちゃくなん》・信康《のぶやす》を反逆《はんぎゃく》の疑《うたが》いで引《ひ》き立《た》てた。

築山御前《つきやまごぜん》は、岡崎城《おかざきじょう》にとどめ置《お》かれたが、八月《がつ》の終《お》わりにそこを抜《ぬ》けだす。おそらくは、息子《むすこ》に会《あ》うために、幽閉先《ゆうへいさき》の二俣城《ふたまたじょう》へと向《む》かったのだろう。

そして彼女《かのじょ》は、追《お》っ手《て》に捕《と》らわれ、その場《ば》で喉《のど》をついて果《は》ててしまった。

信康《のぶやす》は、なにひとつ申《もう》し開《ひら》きもしないまま、九月《がつ》十五日《にち》に切腹《せっぷく》して死《し》んだ。

最後《さいご》まで、家康《いえやす》は、妻《つま》と息子《むすこ》と心《こころ》を通《かよ》わせることが出来《でき》なかった。

これが、家康《いえやす》にとって、人生《じんせい》で一番辛《いちばんつら》い秋《あき》だった。

二年後《ねんご》の天正《てんしょう》九年《ねん》(一五八一年《ねん》)、家康《いえやす》は、ついに武田《たけだ》に奪《うば》われていた最後《さいご》の城《しろ》、高天神《たかてんじん》を奪還《だっかん》する。

その翌年《よくとし》の春《はる》、織田《おだ》・徳川《とくがわ》の連合軍《れんごうぐん》は甲斐《かい》に侵攻《しんこう》。追《お》い詰《つ》められた武田勝頼《たけだかつより》は自害《じがい》した。

甲斐《かい》・信濃《しなの》の険《けわ》しい山《やま》の中《なか》で戦《たたか》い続《つづ》けた武田家《たけだけ》は、ついに滅《ほろ》んだのだった。

三　争乱《そうらん》

1　本能寺《ほんのうじ》の変《へん》

「どうだ。わしの城《しろ》からの眺《なが》めは」

信長《のぶなが》は得意《とくい》げに言《い》った。家康《いえやす》は、心《こころ》からの感嘆《かんたん》を漏《も》らす。

「まことに雄大《ゆうだい》でございますな……言葉《ことば》にもなりませぬ……」

琵琶湖《びわこ》に三方《さんぼう》を囲《かこ》まれた小高《こだか》い山《やま》の上《うえ》に築《きず》かれた、信長《のぶなが》の居城《きょじょう》、安土城《あづちじょう》。

信長《のぶなが》が「天主《てんしゅ》」と名付《なづ》けた、壮麗《そうれい》な高楼《こうろう》の最上階《さいじょうかい》は、金箔《きんぱく》が張《は》りめぐらされ、まるで琵《び》琶湖《わこ》の上《うえ》を舞《ま》う極楽《ごくらく》の船《ふね》のようだ。城《しろ》の土台《どだい》は土塁《どるい》でなく総石垣《そういしがき》になっていて、広々《ひろびろ》とした大手道《おおてみち》の周囲《しゅうい》には織田家臣《おだかしん》たちの屋敷《やしき》が建《た》ち並《なら》んでいる。

これまでにまったく類《るい》を見《み》ない、あまりにも美《うつく》しい城《しろ》だった。

天正十年《てんしょうねん》（一五八二年《ねん》）五月《がつ》。家康《いえやす》は、ここ安土城《あづちじょう》で、信長《のぶなが》の歓待《かんたい》を受《う》けていた。

三月《がつ》に武田勝頼《たけだかつより》が自刃《じじん》し、旧武田領《きゅうたけだりょう》は織田《おだ》のものとなった。約束通《やくそくどお》り、そのうちの駿河《するが》一国《こく》は、徳川《とくがわ》に与《あた》えられた。家康《いえやす》はその礼《れい》を申《もう》し述《の》べるため、初《はじ》めて安土城《あづちじょう》を訪《たず》ねたのである。信長《のぶなが》のたっての願《ねが》いで、酒井忠次《さかいただつぐ》、本多忠勝《ほんだただかつ》、榊原康政《さかきばらやすまさ》ほか、徳川《とくがわ》の重臣《じゅうしん》と、小姓《こしょう》の井伊万千代《いいまんちょ》ら、三十人《にん》ほどが一緒《いっしょ》だった。

「こちらにうかがってから、毎日《まいにち》けっこうなお膳《ぜん》やら美《うつく》しい猿楽《さるがく》（能《のう》）やら、まことに細《こま》やかなお心遣《こころづか》い、家臣《かしん》ともども恐縮《きょうしゅく》いたしております」

「なんの、徳川《とくがわ》どのが東海道《とうかいどう》を押《お》さえてくれたからこそ、わしもここまでこれたというものよ。家臣《かしん》どももこの機会《きかい》じゃ、ようねぎろうてやるがよい」

信長《のぶなが》は、眼下《がんか》に広《ひろ》がる琵琶湖《びわこ》を見晴《みは》らし、ぐっとあごを上《あ》げた。

「最後《さいご》までわしもともに楽《たの》しむつもりであったが、昨日《きのう》、サルに呼《よ》ばれたのでな。戦支度《いくさじたく》をせねばならなくなった」

サル、とは、羽柴秀吉《はしばひでよし》のことである。

この時《とき》、秀吉《ひでよし》は、備中高松城《びっちゅうたかまつじょう》（岡山県岡山市《おかやまけんおかやまし》）で、中国地方《ちゅうごくちほう》の大大名《だいだいみょう》・毛利輝元《もうりてるもと》の軍勢《ぐんぜい》と戦《たたか》っていた。

「サルのやつめ、あまりに自分《じぶん》が目立《めだ》っては他《ほか》の家臣《かしん》どもに妬《ねた》まれると思《おも》うたのであろう。

もうあとは毛利《もうり》に頭《あたま》を下《さ》げさせればよいというところで、わしを呼《よ》びつけてきよった」

「なるほど、上《うえ》さまがお出《で》ましになったのでやっと勝《か》てた、という形《かたち》を作《つく》るおつもりですな」

「嫌《いや》みなほど気《き》の回《まわ》るやつだ」

言《い》いながら、しかし信長《のぶなが》は嬉《うれ》しそうだった。

「徳川《とくがわ》どのはゆるりと京見物《きょうけんぶつ》でもして過《す》ごされよ。そうそう、堺《さかい》にも足《あし》を延《の》ばされてはいかがかな」

堺《さかい》は、泉州《せんしゅう》（南大阪《みなみおおさか》）にある港町《みなとまち》である。畿内《きない》における海外貿易《かいがいぼうえき》の中心地《ちゅうしんち》であり、鉄砲《てっぽう》の一大生産地《いちだいせいさんち》でもあった。南蛮《なんばん》（ポルトガル・スペイン）や、南方《なんぽう》の国々《くにぐに》から持《も》ちこまれた珍《めずら》しいものがあふれ、また、このころ大名《だいみょう》たちの教養《きょうよう》のひとつとしておおいに流行《りゅうこう》している、茶《ちゃ》の湯《ゆ》（茶道《さどう》）の宗匠《そうしょう》たちが多《おお》くいることでも知《し》られている。

「それは、ぜひ行《い》ってみたいものです」

「では万事手配《ばんじてはい》するよう言《い》うておく。わしは西国《さいこく》へ出立《しゅったつ》する前《まえ》に、京《きょう》で茶会《ちゃかい》を開《ひら》こうと思《おも》うておる。三河《みかわ》に戻《もど》る前《まえ》にまた参《まい》られよ。六月《がつ》二日《か》に、本能寺《ほんのうじ》で待《ま》っておるぞ」

そう言《い》って、信長《のぶなが》は笑《わら》い、もう一度《いちど》湖《みずうみ》の向《む》こうに目《め》を細《ほそ》めた。

梅雨《つゆ》の合間《あいま》のわずかな晴《は》れ間《ま》はもうすぐ終《お》わると見《み》えて、西《にし》の空《そら》からは黒《くろ》い雨雲《あまぐも》が、ゆっくりと押《お》し寄《よ》せようとしていた。

家康《いえやす》と家臣《かしん》たち一行《いっこう》は、信長《のぶなが》に勧《すす》められるまま、のんびりと数日間《すうじつかん》、堺見物《さかいけんぶつ》を楽《たの》しんだのち、約束《やくそく》の六月《がつ》二日《か》の朝《あさ》、再《ふたた》び京《きょう》へ向《む》かった。

家康《いえやす》は馬《うま》に乗《の》り、供回《ともまわ》り三十人《にん》ばかりと、ゆるゆると京《きょう》への道《みち》を進《すす》んでいく。

ところが。

一行《いっこう》が、飯盛山《いいもりやま》（大阪府中東部《おおさかふちゅうとうぶ》）にさしかかった時《とき》のことだ。

前方《ぜんぽう》から、たいへんな勢《いきお》いで馬《うま》を飛《と》ばしてくる者《もの》があった。

「なんだ、あれは忠勝《ただかつ》ではないか」

家康《いえやす》は眉《まゆ》をひそめた。今朝早《けさはや》く、先触《さきぶ》れとして京《きょう》へ向《む》かわせた本多忠勝《ほんだただかつ》が、血相《けっそう》を変《か》えて戻《もど》ってきたのだ。

「殿《との》！　一大事《いちだいじ》でございます！」

忠勝《ただかつ》は馬《うま》から飛《と》び降《お》りると、家康《いえやす》に駆《か》け寄《よ》った。

「明智日向守光秀《あけちひゅうがのかみみつひで》どの謀反《むほん》！　上《うえ》さまも、嫡男《ちゃくなん》・信忠《のぶただ》さまもご自害《じがい》なされたとのよし！」

「な……なんだと⁉」

家康《いえやす》は、絶句《ぜっく》した。

「上《うえ》さまが……ご自害《じがい》……？　それはまことか⁉　明智《あけち》どのが、謀反《むほん》……？」

明智光秀《あけちみつひで》は、織田家中《おだかちゅう》の重臣《じゅうしん》のひとりだ。武勇《ぶゆう》にも優《すぐ》れ、知略《ちりゃく》も教養《きょうよう》もあるので、京《きょう》の朝廷《ちょうてい》や公家衆《くげしゅう》との交渉《こうしょう》なども任《まか》され、信長《のぶなが》の信頼《しんらい》も厚《あつ》い。ついこの間《あいだ》の、安土城《あづちじょう》での家康《いえやす》たちのもてなしも、光秀《みつひで》が担当《たんとう》していたのだ。

「先《さき》ほどこの先《さき》で、京《きょう》の市中《しちゅう》より参《まい》った茶屋《ちゃや》と行《い》き合《あ》いまして」

忠勝《ただかつ》の後《うし》ろで馬《うま》から下《お》りたのは、上等《じょうとう》の着物《きもの》を着《き》た小太《こぶと》りの男《おとこ》だった。かねてより徳川《とくがわ》家《け》のご用《よう》を一手《いって》に引《ひ》き受《う》けている京《きょう》の豪商《ごうしょう》・茶屋四郎次郎清延《ちゃやしろうじろうきよのぶ》である。

茶屋《ちゃや》は、真《ま》っ青《さお》な顔《かお》で家康《いえやす》に言《い》った。

「明智《あけち》さまは西国《さいこく》へ出兵《しゅっぺい》されるはずでしたが、その兵《へい》一万《まん》あまりを率《ひき》いて昨夜《さくや》本能寺《ほんのうじ》を急《きゅう》襲《しゅう》。本能寺《ほんのうじ》には百名《ひゃくめい》ほどの手勢《てぜい》しかおられず、上《うえ》さまは無念《むねん》のご最期《さいご》を遂《と》げられたごようす。すでに京《きょう》の市内《しない》は明智《あけち》の水色桔梗《みずいろききょう》の旗《はた》であふれております。今《いま》、京《きょう》に参《まい》られてはなりません！　それをお知《し》らせしに参《まい》りました！」

「なんということだ……いったい明智《あけち》どのはなぜ……」

家康《いえやす》は、目《め》の前《まえ》が真《ま》っ暗《くら》になった。

とにかく、このまま進《すす》むわけにはいかない。家康《いえやす》は信長《のぶなが》の同盟者《どうめいしゃ》である。そして光秀《みつひで》は、家康《いえやす》が今《いま》、わずかな供回《ともまわ》りだけで堺《さかい》にいることを知《し》っている。時《とき》をおかずにこちらにも手《て》勢《ぜい》が差《さ》し向《む》けられてくるだろう。

家康一行《いえやすいっこう》は、とりあえず近《ちか》くの古寺《ふるでら》に馬《うま》を入《い》れ、対策《たいさく》を練《ね》ることにした。

「……こんなことが……ずっと以前《いぜん》にもあったな……」

薄暗《うすぐら》い本堂《ほんどう》のかび臭《くさ》い板間《いたま》にへたりこみながら、家康《いえやす》はつぶやいた。

そうだ。あれも夏《なつ》だった。蒸《む》し暑《あつ》い梅雨《つゆ》の合間《あいま》——桶狭間《おけはざま》。

時《とき》はめぐり、因果《いんが》はめぐる。あの時《とき》、義元《よしもと》の油断《ゆだん》を突《つ》いて勝《か》ちどきを上《あ》げた信長《のぶなが》が、今《いま》はまた油断《ゆだん》を突《つ》かれて臣下《しんか》に殺《ころ》されようとは。

「……あの時《とき》も……今《いま》も、わしは何《なに》も出来《でき》ぬ……ただこうしてうろたえるしか……」

あの、十九の時《とき》の無力感《むりょくかん》が蘇《よみがえ》って、家康《いえやす》はしぼりだすように言《い》った。

「明智《あけち》に追《お》い詰《つ》められて首《くび》を取《と》られるよりは……むしろ、都《みやこ》に上《のぼ》って、上《うえ》さまの追《お》い腹《ばら》を切《き》った方《ほう》が面目《めんぼく》が立《た》つというもの……」

家康《いえやす》は頭《あたま》を抱《かか》えた。だがその時《とき》、いきなり、ワッハッハ、と大声《おおごえ》で笑《わら》った者《もの》がいた。

「本多《ほんだ》さま！　ご無礼《ぶれい》でありましょう！」

井伊万千代《いいまんちよ》がとがめた。だが、忠勝《ただかつ》はまだ笑《わら》っている。

「つい昔《むかし》を思《おも》いだしましてな。桶狭間《おけはざま》のあとも殿《との》はそんなことを言《い》うておられた」

その時《とき》を思《おも》いだしたのか、酒井忠次《さかいただつぐ》がきまり悪《わる》そうに咳払《せきばら》いをした。忠勝《ただかつ》は大《おお》きな体《からだ》を乗《の》りだし、目《め》を見開《みひら》いて、家康《いえやす》の顔《かお》をのぞきこむ。

「殿《との》。ご心配《しんぱい》には及《およ》びませぬ。確《たし》かにあの時《とき》より今《いま》の方《ほう》が状況《じょうきょう》は悪《わる》い。なにしろ今《いま》ここには、三十人《にん》しかおらぬのですからな。しかし、考《かんが》えてみなされ。その三十人《にん》は、みな、一《いっ》騎当千《きとうせん》の強者《つわもの》ですぞ」

忠勝《ただかつ》は、かたわらに置《お》いていた名槍《めいそう》・蜻蛉切《とんぼきり》を軽《かる》くつかんでみせた。

「殿《との》も、あの時《とき》はまだお若《わか》かった。わしも十三の初陣《ういじん》だった。ですが今《いま》は違《ちが》いましょう。殿《との》がお命《めい》じくだされればこの忠勝《ただかつ》、明智《あけち》の兵《へい》など何百何千《なんびゃくなんぜん》と斬《き》り殺《ころ》してやりましょう」

家臣《かしん》たちは、みな、おおっ、と沸《わ》いた。

「殿《との》。ここはとにかく、なんとかして三河《みかわ》に戻《もど》ることが肝要《かんよう》かと。それからのことはそのあと考《かんが》えましょう。まずは生《い》きてこそでございます」

普段《ふだん》は冷静《れいせい》な酒井忠次《さかいただつぐ》が、薄《うす》く涙《なみだ》を浮《う》かべて言《い》った。榊原康政《さかきばらやすまさ》も、万千代《まんちよ》もうなずく。

家康《いえやす》は、唇《くちびる》を震《ふる》わせながら顔《かお》を上《あ》げた。

そうだった。あの時《とき》も、頼《たよ》りない主君《しゅくん》の自分《じぶん》を励《はげ》まし、支《ささ》えてくれたのは、この忠実《ちゅうじつ》な三河武士《みかわぶし》たちだった。

「取《と》り乱《みだ》してすまなんだ。まことおぬしらの言《い》うとおりだ。ともに生《い》きて三河《みかわ》に帰《かえ》ろうぞ」

家康《いえやす》は大《おお》きく息《いき》を吸《す》いこんで、きっぱりと言《い》った。


「しかし——三河《みかわ》に帰《かえ》ると言《い》っても、京《きょう》を通《とお》れないならどこから行《い》くのだ」

康政《やすまさ》が絵図面《えずめん》を前《まえ》に腕《うで》を組《く》む。

「茶屋《ちゃや》どのに、堺《さかい》から船《ふね》を手配《てはい》していただくのはどうでしょう」

万千代《まんちよ》が茶屋四郎次郎《ちゃやしろうじろう》を振《ふ》り返《かえ》る。茶屋《ちゃや》は眉間《みけん》に皺《しわ》をよせながら首《くび》を横《よこ》に振《ふ》った。

「南蛮船《なんばんせん》とは違《ちが》い、わが国《くに》の船《ふね》は小《ちい》そうございます。堺《さかい》からまっすぐ三河《みかわ》まで行《い》くことは出来《でき》ませぬ。どこかで必《かなら》ず港《みなと》に寄《よ》るとして、そこに明智軍《あけちぐん》や、織田《おだ》さまに不満《ふまん》を持《も》つ勢力《せいりょく》が待《ま》ち構《かま》えていれば一巻《いっかん》の終《お》わりでございます」

うーむ、と、話《はなし》が途切《とぎ》れたところへ、おそれながら、と近《ちか》づいてきた者《もの》があった。

「おお、正成《まさなり》か。何《なに》か案《あん》があるのか」

それは、供回《ともまわ》りのひとり、服部半蔵正成《はっとりはんぞうまさなり》だった。

「近江信楽《おうみしがらき》から伊賀《いが》の山《やま》をお通《とお》りください。それがしがなんとかいたします」

おお、と、本多忠勝《ほんだただかつ》が膝《ひざ》を打《う》った。

「そうだった。そなたの父《ちち》は伊賀者《いがもの》だったな」

伊賀者《いがもの》、とは、伊賀《いが》の里《さと》を本拠《ほんきょ》としている忍《しの》びの集団《しゅうだん》のことだ。正成自身《まさなりじしん》は忍《しの》びではなく、侍《さむらい》として家康《いえやす》に仕《つか》えていたが、父《ちち》は伊賀者《いがもの》の頭領《かしら》の血《ち》を引《ひ》いていた。

「父《ちち》の縁故《えんこ》をたどり、伊賀者《いがもの》につなぎをつけまする」

「しかし、伊賀《いが》は先年《せんねん》、織田軍《おだぐん》に攻《せ》められて屈服《くっぷく》させられた。それを恨《うら》みに思《おも》っているのではないか。織田《おだ》の同盟者《どうめいしゃ》だったわしに力《ちから》を貸《か》してくれるだろうか」

家康《いえやす》が不安《ふあん》そうに言《い》うと、正成《まさなり》はきっぱりと言《い》った。

「いいえ。織田軍《おだぐん》に攻《せ》められ三河《みかわ》に逃《に》げこんだ伊賀者《いがもの》どもを、殿《との》は見過《みす》ごしてくださった。それを伊賀《いが》は忘《わす》れておりませぬ」

「それは心強《こころづよ》いことです。わたくしも微力《びりょく》ながらお手伝《てつだ》いいたします」

そう言《い》ったのは茶屋四郎次郎《ちゃやしろうじろう》だった。

「槍働《やりばたら》きは出来《でき》ませぬが、商人《しょうにん》には商人《しょうにん》なりの戦《たたか》いがございます。服部《はっとり》さま、金子《きんす》が入《い》り用《よう》の際《さい》はお声《こえ》かけを」

「かたじけない。それではさっそくだが、この先《さき》まで一緒《いっしょ》に来《き》てはもらえぬか」

正成《まさなり》と茶屋《ちゃや》がそろって出《で》ていく。家康《いえやす》たちも、うなずきあって立《た》ち上《あ》がった。


これが、苦難《くなん》の逃避行《とうひこう》「伊賀越《いがご》え」の始《はじ》まりだった。

馬《うま》を捨《す》て、徒《かち》で山《やま》の中《なか》に歩《あゆ》み入《い》った家康《いえやす》たち一行《いっこう》を、戦乱《せんらん》の末《すえ》に主《あるじ》を失《うしな》い、食《く》い詰《つ》めて山賊《さんぞく》になった下級武士《かきゅうぶし》や、落《お》ち武者狩《むしゃが》りの農民《のうみん》たちが待《ま》ち構《かま》えていた。


まともな道《みち》もない、険《けわ》しい山《やま》の斜面《しゃめん》を、泥《どろ》だらけになって上《のぼ》り下《お》りし。

時々木々《ときどききぎ》の向《む》こうに見《み》え隠《かく》れする明智《あけち》の旗《はた》に息《いき》を潜《ひそ》め。

主従一丸《しゅじゅういちがん》となって刀《かたな》を振《ふ》るい、落《お》ち武者狩《むしゃが》りを切《き》り抜《ぬ》け。

山間《さんかん》の小《ちい》さな村《むら》で、茶屋四郎次郎《ちゃやしろうじろう》が金子《きんす》を配《くば》り、ようやくにぎりめしにありつき。

突然降《とつぜんふ》りだした雨《あめ》を、小《ちい》さなお堂《どう》の中《なか》でやり過《す》ごし。

やがて、正成《まさなり》が呼《よ》び集《あつ》めた伊賀者《いがもの》たちが、ひとり、またひとりと護衛《ごえい》に加《くわ》わってくれたことで、どうにかこうにか格好《かっこう》がつき、なんとか山《やま》を抜《ぬ》けて、伊勢湾《いせわん》の光《ひか》る海《うみ》を見《み》たのは、丸《まる》四日後《かご》のことだった。

＊

「殿《との》！　ご無事《ぶじ》でなによりでございました！」

ようやく岡崎城《おかざきじょう》にたどり着《つ》いた家康《いえやす》は、心配《しんぱい》していた家臣《かしん》たちに大喜《おおよろこ》びで迎《むか》えられた。

城《しろ》の門《もん》の前《まえ》には、浜松《はままつ》や駿河《するが》の方《ほう》からも、多《おお》くの家臣《かしん》たちが出迎《でむか》えに駆《か》けつけている。

「みなの者《もの》、心配《しんぱい》をかけたな」

家康《いえやす》は、男泣《おとこな》きにおいおい泣《な》いている家臣《かしん》たちにもうなずきかけた。

「泣《な》くな泣《な》くな。こうして無事戻《ぶじもど》ったのだから」

家康《いえやす》は、彼《かれ》らとともに城《しろ》へ入《はい》ろうとしかけ――ふと、かたわらの道《みち》ばたに平伏《へいふく》している、痩《や》せた男《おとこ》に目《め》をとめた。

「……あっ、おぬしは」

「殿《との》。お久《ひさ》しぶりでございます。ご無事《ぶじ》のお戻《もど》り、まことに……」

そこまで言《い》って声《こえ》を詰《つ》まらせた男《おとこ》は、かつて一向一揆《いっこういっき》のおりに家康《いえやす》に弓《ゆみ》を引《ひ》き、そのまま行方知《ゆくえし》れずになっていた本多正信《ほんだまさのぶ》だった。

「この本多《ほんだ》の面汚《つらよご》しが！　どの面《つら》さげて戻《もど》ってきた！」

本多忠勝《ほんだただかつ》が蜻蛉切《とんぼきり》の槍《やり》をぶん回《まわ》し、這《は》いつくばっている正信《まさのぶ》に斬《き》りかかろうとした。だが、正信《まさのぶ》は、額《ひたい》を地面《じめん》にすりつけるようにして言《い》った。

「三河《みかわ》を出《で》ましてより、わたくしは畿内《きない》の大名方《だいみょうがた》や、一向宗門《いっこうしゅうもん》の下《もと》を転々《てんてん》としながら、人《ひと》のさだめ、仏《ほとけ》の道《みち》についてさまざま思《おも》いめぐらせておりました」

「それがどうした！」

忠勝《ただかつ》は吠《ほ》える。家康《いえやす》は、それをなだめ、正信《まさのぶ》に先《さき》を促《うなが》した。

「畿内《きない》におったのか。それで、なぜ戻《もど》ってきたのだ」

正信《まさのぶ》は、きっ、と顔《かお》を上《あ》げた。その瞳《ひとみ》には、何《なに》かを覚悟《かくご》した強《つよ》さがあった。

「この戦国《せんごく》の世《よ》は、誰《だれ》かが鬼神《きじん》となって一度《いちど》すべてをまとめあげねばおさまらぬということが骨身《ほねみ》にしみました。それを成《な》し遂《と》げられようとしていた信長公《のぶながこう》と、嫡男《ちゃくなん》・信忠《のぶただ》さまも亡《な》くなられた今《いま》、またも世《よ》が乱《みだ》れるのはなんとしても避《さ》けねばなりませぬ」

「それは、わしもようわかっておる」

「主君《しゅくん》を殺《ころ》した明智《あけち》には大義《たいぎ》がない。おそらく誰《だれ》も、かの者《もの》に力《ちから》を貸《か》しますまい」

正信《まさのぶ》は、家康《いえやす》を見《み》つめる。

「明智《あけち》を倒《たお》してくださりませ。そのお力《ちから》になりたいと、恥《はじ》を忍《しの》んで戻《もど》ってまいりました！」

「明智《あけち》を」

家康《いえやす》は息《いき》をのんだ。

確《たし》かに——今《いま》、信長《のぶなが》の主立《おもだ》った家臣《かしん》たちはみな、軍《ぐん》を率《ひき》いて遠方《えんぽう》にある。

今《いま》すぐに兵《へい》を整《ととの》えて京《きょう》に向《む》かい、明智《あけち》を討《う》てば——家康《いえやす》こそ信長《のぶなが》の後継者《こうけいしゃ》だと認《みと》めさせることも、あながち不可能《ふかのう》というわけではない——……。

忠勝《ただかつ》も槍《やり》を収《おさ》め、他《ほか》の家臣《かしん》たちも、顔《かお》を見合《みあ》わせた。

その顔《かお》という顔《かお》に、やがてギラギラとした野望《やぼう》のようなものが輝《かがや》きはじめる。

「殿《との》……！　明智《あけち》を討《う》ちましょう！」

「天下《てんか》を！　天下《てんか》を狙《ねら》いましょうぞ！」

わあっ、と、岡崎《おかざき》の城《しろ》に、どよめきが広《ひろ》がっていく。

信長《のぶなが》の遺志《いし》を継《つ》いで、自分《じぶん》が、この日《ひ》の本《もと》の国《くに》をまとめあげる——……。

それが、おそらくは、家康《いえやす》が初《はじ》めて、天下《てんか》というものを、おのれの手《て》の届《とど》くものとして意識《いしき》した瞬間《しゅんかん》だった。

家康《いえやす》は、そのまま岡崎《おかざき》で慌《あわ》ただしく兵《へい》を整《ととの》え、十日《か》ののち、西《にし》へ向《む》かって進軍《しんぐん》を開始《かいし》した。

ところが、その途中《とちゅう》で、思《おも》わぬ知《し》らせがもたらされる。

羽柴秀吉《はしばひでよし》が、明智軍《あけちぐん》を討《う》ち破《やぶ》ったというのだ。

備中《びっちゅう》で毛利《もうり》と戦《たたか》っていた秀吉《ひでよし》は、本能寺《ほんのうじ》の変《へん》の一報《いっぽう》を聞《き》くやいなや、ただちに毛利《もうり》と講和《こうわ》を結《むす》び、風《かぜ》のような速《はや》さで京《きょう》に舞《ま》い戻《もど》った。そして見事《みごと》に、主君《しゅくん》の仇《かたき》を討《う》ったのである。

明智光秀《あけちみつひで》は、負《ま》け戦《いくさ》から落《お》ち延《の》びようとしたところで、落《お》ち武者《むしゃ》狩《が》りの農民《のうみん》の手《て》にかかり、あえなく果《は》てたという。

秀吉《ひでよし》の使《つか》いが帰《かえ》るなり、徳川《とくがわ》の陣中《じんちゅう》には失望《しつぼう》のため息《いき》が満《み》ちあふれた。

「まさかあの羽柴《はしば》とは……なんとまあ」

「これぞ好機《こうき》と思《おも》いましたのになあ」

口々《くちぐち》に言《い》う家臣《かしん》たちを、家康《いえやす》は苦笑《にがわら》いしながらなだめる。

「我《われ》らは余計《よけい》な戦《いくさ》をせずにすんだと思《おも》えばよい。それより、これからのことを考《かんが》えねばな」

「さようでございますな」

榊原康政《さかきばらやすまさ》が、考《かんが》え考《かんが》え口《くち》を開《ひら》いた。

「羽柴《はしば》どのは、信長公《のぶながこう》の草履取《ぞうりと》りから身《み》を起《お》こされた方《かた》。織田家中《おだかちゅう》でも、そのあまりのご出世《しゅっせ》ぶりを快《こころよ》く思《おも》わぬ者《もの》は多《おお》いと聞《き》き及《およ》びます。信長公《のぶながこう》には、亡《な》くなられたご嫡男《ちゃくなん》・信忠《のぶただ》さま以外《いがい》にも、多《おお》くの男子《だんし》がおられる。誰《だれ》を織田《おだ》の跡取《あとと》りに据《す》えるかで、おそらく一波乱《ひとはらん》ありましょう」

「それについては、こちらは口《くち》を出《だ》す筋合《すじあ》いではないが、行方《ゆくえ》いかんでは火《ひ》の粉《こ》が降《ふ》ってくるやもしれぬな」

家康《いえやす》は考《かんが》えこんだ。

「それよりも……甲斐《かい》・信濃《しなの》だな。武田《たけだ》が滅《ほろ》び、織田《おだ》の領土《りょうど》となったとたんにこれでは、あのあたりの国衆《くにしゅう》は当然離反《とうぜんりはん》するであろう。織田《おだ》に旧領《きゅうりょう》の上野《こうずけ》（群馬県《ぐんまけん》）を奪《うば》われたままの北条《ほうじょう》も、北《きた》の上杉《うえすぎ》も黙《だま》ってはおるまい。また戦《たたか》いになるぞ」

「それでは、我《われ》らはそちらに向《む》かいますか」

陣《じん》を払《はら》いに、家臣《かしん》たちが立《た》ち上《あ》がる。家康《いえやす》は、梅雨《つゆ》も明《あ》けぬ灰色《はいいろ》の空《そら》を見上《みあ》げた。

「やはりわしには、天下《てんか》などまだ遠《とお》いものであったようだ。しかし、甲斐《かい》・信濃《しなの》の混乱《こんらん》を収《おさ》めることぐらいはしてみせねば、あの世《よ》の信長公《のぶながこう》や信玄公《しんげんこう》や、今川《いまがわ》の太守《たいしゅ》さまにも、信《のぶ》康《やす》にも笑《わら》われようぞ」


こののち、徳川《とくがわ》は、上野《こうずけ》から甲斐《かい》へと侵攻《しんこう》してきた北条《ほうじょう》の軍勢《ぐんぜい》と五カ月《げつ》にわたって戦《たたか》い、十月末《がっすえ》にようやく和睦《わぼく》に至《いた》る。

家康《いえやす》は、甲斐《かい》・信濃《しなの》の国衆《くにしゅう》たちや、武田《たけだ》の旧臣《きゅうしん》たちの多《おお》くを味方《みかた》に引《ひ》き入《い》れたが、それに尽力《じんりょく》したのは、再《ふたた》び家康《いえやす》に仕《つか》えることを許《ゆる》された本多正信《ほんだまさのぶ》であり、若年《じゃくねん》ながらその才知《さいち》を買《か》われた井伊万千代《いいまんちよ》であり、伊賀越《いがご》えに尽力《じんりょく》した返礼《へんれい》として家康《いえやす》が召《め》し抱《かか》えた、多《おお》くの伊賀者《いがもの》たちだった。

諸国《しょこく》を放浪《ほうろう》しさまざまな見識《けんしき》を得《え》ていた正信《まさのぶ》は、こののち、家康《いえやす》の謀臣《ぼうしん》（参謀《さんぼう》）として活躍《かつやく》する。

また、井伊万千代《いいまんちよ》も、元服《げんぷく》して直政《なおまさ》と名《な》を変《か》え、旗本先手役《はたもとせんてやく》に取《と》り立《た》てられると、三河《みかわ》譜代《ふだい》の家臣《かしん》たちとともに徳川《とくがわ》の屋台骨《やたいぼね》を支《ささ》えていく。

伊賀者《いがもの》たちも、正式《せいしき》な禄《ろく》をもらえることに感謝《かんしゃ》し、命《いのち》を懸《か》けて家康《いえやす》に仕《つか》えた。

やがて、上野《こうずけ》は北条《ほうじょう》に、甲斐《かい》・信濃《しなの》は徳川《とくがわ》にとの講和《こうわ》が整《ととの》い、家康《いえやす》はついに、駿河《するが》・遠江《とおとうみ》・三河《みかわ》と合《あ》わせて五国《こく》を領有《りょうゆう》する大大名《だいだいみょう》となったのだった。

2 小牧《こまき》・長久手《ながくて》の戦《たたか》い

家康《いえやす》が、甲斐《かい》・信濃《しなの》の平定《へいてい》にかかりきりになっていた間《あいだ》に、秀吉《ひでよし》は着々《ちゃくちゃく》と、天下人《てんかびと》への道《みち》を歩《あゆ》みはじめていた。

明智《あけち》を倒《たお》した勢《いきお》いにのり、織田《おだ》当主《とうしゅ》の座《ざ》に、まだ三歳《さい》の信長《のぶなが》の孫《まご》・三法師《さんぼうし》をつけると、自分《じぶん》はその後見人《こうけんにん》に収《おさ》まった秀吉《ひでよし》は、それを不服《ふふく》とする他《ほか》の家臣《かしん》や、信長《のぶなが》の息子《むすこ》たちを次々《つぎつぎ》に追《お》い落《お》とし、ついに、名実《めいじつ》ともに信長《のぶなが》の後継者《こうけいしゃ》となったのである。

＊

「羽柴《はしば》どのは、すっかり人《ひと》が変《か》わられたようだの」

天正十二年《てんしょうじゅうにねん》（一五八四年《ねん》）の春先《はるさき》。四十三歳《さい》になった家康《いえやす》は、浜松城《はままつじょう》の庭先《にわさき》に作《つく》った小《ち》さな畑《はたけ》に立《た》っていた。

その畑《はたけ》には、丈《たけ》の低《ひく》い木《き》や、冬《ふゆ》を越《こ》して芽吹《めぶ》きはじめた青草《あおくさ》が植《う》えられている。畝《うね》ごとに違《ちが》う色形《いろかたち》の草《くさ》は、すべてさまざまな種類《しゅるい》の薬草《やくそう》だった。

「金ケ崎《かねがさき》やら長篠《ながしの》やらで一緒《いっしょ》に戦《たたか》った時《とき》には、まこと信長公《のぶながこう》に心服《しんぷく》しておるようすで、殿《との》のためなら何《なん》でもする、という忠義《ちゅうぎ》の将《しょう》に見《み》えたがな」

言《い》いながら、家康《いえやす》は畝《うね》の間《あいだ》を歩《ある》き回《まわ》って、草《くさ》を摘《つ》んだり匂《にお》いを嗅《か》いだりしている。薬草《やくそう》の栽培《さいばい》と薬《くすり》の調合《ちょうごう》が、家康《いえやす》の趣味《しゅみ》だった。

家康《いえやす》と一緒《いっしょ》に楽《たの》しげに畑《はたけ》に入《はい》っているのは、本多正信《ほんだまさのぶ》と、三十路《みそじ》ほどに見《み》える女《おんな》だ。畑《はたけ》の側《そば》には、酒井忠次《さかいただつぐ》と榊原康政《さかきばらやすまさ》が、少《すこ》し居心地《いごこち》悪《わる》そうにたたずんでいる。

「さようでございましょうか。それがしは最初《さいしょ》から、あの小男《こおとこ》は気《き》に入《い》りませなんだが」

榊原康政《さかきばらやすまさ》が、ふんっ、と口元《くちもと》をゆがめた。

「生《う》まれの卑《いや》しさが透《す》けて見《み》えるというか……自分《じぶん》の手柄《てがら》のためにがつがつとしているようにしか思《おも》えませなんだ。家臣《かしん》にも、褒美《ほうび》で釣《つ》って競《きそ》わせるようなやり方《かた》ばかりしていると聞《き》き及《およ》びますが」

「農民《のうみん》の出《で》で、草履取《ぞうりと》りより身《み》を起《お》こされた方《かた》でありますからな。譜代《ふだい》の家臣《かしん》もおらねば、それはそうするしかないでしょう」

薬草《やくそう》を摘《つ》んでいた本多正信《ほんだまさのぶ》が、ひょこひょこと足《あし》を引《ひ》きずりながら竹籠《たけかご》を取《と》り上《あ》げた。

その横《よこ》で、着物《きもの》の袖《そで》をたすきでからげて、ひしゃくで畝《うね》に水《みず》をまいていた女《おんな》も言《い》う。

「ご自分《じぶん》がそのように、何《なに》も持《も》たぬ身《み》から才覚《さいかく》ひとつで駆《か》けあがってこられ、また信長公《のぶながこう》に誰《だれ》よりも引《ひ》き立《た》てていただいたればこそ、秀吉《ひでよし》さまには、織田《おだ》のご子息方《しそくがた》はみな、自《みずか》らが仕《つか》えるには値《あたい》しないと見《み》えたのでは。わたしには、そのふたつは矛盾《むじゅん》するようには思《おも》えませぬ」

女《おんな》は、数年前《すうねんまえ》から家康《いえやす》に仕《つか》えるようになった側室《そくしつ》、お須和《すわ》の方《かた》である。側室名《そくしつめい》は、阿茶《あちゃ》の局《つぼね》という。てきぱきとして頭《あたま》のいい阿茶《あちゃ》は、優《やさ》しく穏《おだ》やかなお愛《あい》の方《かた》とともに、家康《いえやす》をうちからよく支《ささ》えていた。

「阿茶《あちゃ》の言《い》うことはいつも正《ただ》しい。それよ。家臣《かしん》が仕《つか》えるに足《た》る者《もの》かどうか。主君《しゅくん》たるもの、それが常《つね》に試《ため》されておると思《おも》わねばな」

腰《こし》を伸《の》ばして天《てん》を仰《あお》ぎながら、家康《いえやす》はつぶやいた。

「ここでわしが、さしたる抵抗《ていこう》もせず、秀吉《ひでよし》どのに追従《ついじゅう》しては、気難《きむずか》しい三河武士《みかわぶし》どもも、新《あら》たに旗下《きか》に入《はい》った武田勢《たけだぜい》も、さぞかし失望《しつぼう》いたそうな」

「しかしそれはあちらも同《おな》じこと。信長公《のぶながこう》も一目置《いちもくお》かれていた殿《との》を従《したが》わせずには、天下《てんか》もなにもありはしませぬ。いずれは必《かなら》ず決着《けっちゃく》をつけねばならぬのです」

酒井忠次《さかいただつぐ》がきっぱりと言《い》った。

数日前《すうじつまえ》、家康《いえやす》の下《もと》に、信長《のぶなが》の次男《じなん》・織田信雄《おだのぶかつ》から書状《しょじょう》が届《とど》いたのだ。内容《ないよう》は、自分《じぶん》とともに秀吉《ひでよし》と戦《たたか》ってくれ、という要請《ようせい》である。

信雄《のぶかつ》は、信長《のぶなが》の数多《かずおお》い息子《むすこ》たちの中《なか》では、死《し》んだ信忠《のぶただ》についで年長《ねんちょう》だが、暗愚《あんぐ》の君《きみ》とも言《い》われており、織田家中《おだかちゅう》では重《おも》んじられていなかった。実際《じっさい》、失敗《しっぱい》を重《かさ》ねては信長《のぶなが》に強《つよ》く叱《しか》られ、勘当《かんどう》されそうになったこともあるほどである。

信長《のぶなが》の死後《しご》も、最初《さいしょ》は秀吉《ひでよし》の側《がわ》について、弟《おとうと》を追《お》いやるのに協力《きょうりょく》したにもかかわらず、今度《こんど》は自分《じぶん》の身《み》が危《あぶ》なくなってきたとみるや、家康《いえやす》を頼《たよ》ってきたのだった。

「信雄《のぶかつ》さまはよい評判《ひょうばん》を聞《き》かぬお方《かた》ですが、旗印《はたじるし》としては申《もう》し分《ぶん》はない。信雄《のぶかつ》さまに力添《ちからぞ》えするとあれば、大義《たいぎ》は立《た》ちましょう。羽柴《はしば》の台頭《たいとう》を快《こころよ》く思《おも》わぬ各地《かくち》の大名《だいみょう》にも呼《よ》びかければ、あちらの勢《いきお》いはそがれまする」

正信《まさのぶ》が言《い》う。忠次《ただつぐ》と康政《やすまさ》もうなずいた。

「徳川《とくがわ》は織田《おだ》の臣下《しんか》ではない。対等《たいとう》な同盟者《どうめいしゃ》、大大名《だいだいみょう》であるのだ、ということを、秀吉《ひでよし》と天下《てんか》に知《し》らしめねばなりませぬ」

＊

「なかなか動《うご》かぬのう」

三月《がつ》の終《お》わり。家康《いえやす》は、尾張《おわり》の小牧山城《こまきやまじょう》（愛知県小牧市《あいちけんこまきし》）にいた。

ここは、かつて信長《のぶなが》が築《きず》いた城《しろ》だ。小高《こだか》い丘《おか》の上《うえ》にそびえる物見櫓《ものみやぐら》からは、二里《り》（約《やく》八キロメートル）ばかり先《さき》の楽田城《がくでんじょう》にしかれた羽柴軍《はしばぐん》の陣《じん》もよく見《み》えた。周囲《しゅうい》に馬防柵《ばぼうさく》をめぐらせ、空堀《からぼり》を掘《ほ》っているようすもはっきりと見《み》て取《と》れる。

「殿自《とのみずか》らがご出陣《しゅつじん》されたと聞《き》いて、あちらも秀吉自《ひでよしみずか》らが出張《でば》ってまいりました。思《おも》わぬ形《かたち》で直接決着《ちょくせつけっちゃく》をつけられそうですな」

本多忠勝《ほんだただかつ》が笑《わら》う。酒井忠次《さかいただつぐ》が咳払《せきばら》いをし、声《こえ》を潜《ひそ》める。

「笑《わら》い事《ごと》ではございませぬ。あちらは十万《まん》。こちらの手勢《てぜい》は三万《まん》。先日《せんじつ》の小競《こぜ》り合《あ》いではこちらが有利《ゆうり》に運《はこ》びましたが、このままでは埒《らち》があきませぬ」

ここでにらみ合《あ》いになってから、はや十日《とおか》が過《す》ぎていた。どちらが先《さき》に仕掛《しか》けるかの根比《こんくら》べである。

「ここでひとつ、羽柴方《はしばがた》を煽《あお》ってみるのはいかがでしょう」

そう言《い》いだしたのは、榊原康政《さかきばらやすまさ》だった。

「大義《たいぎ》はこちらにあり、と書《か》き立《た》てた高札《こうさつ》をそこらに立《た》て回《まわ》すのです。敵《てき》の陣《じん》へも送《おく》りつけてやりましょう。秀吉《ひでよし》はもちろん、あちらにくみした武将《ぶしょう》たちの中《なか》には、内心《ないしん》は織田家《おだけ》に弓引《ゆみひ》くことを後《うし》ろめたく思《おも》っている者《もの》もいるはず。離反《りはん》する者《もの》が出《で》ればしめたもの」

「面白《おもしろ》い。やってみるがいい。文面《ぶんめん》はそなたに任《まか》す」

家康《いえやす》が言《い》うと、正信《まさのぶ》も顔《かお》を上《あ》げる。

「では、それであちらがどう出《で》てもよいように、服部半蔵正成《はっとりはんぞうまさなり》に命《めい》じて、伊賀者《いがもの》たちに敵《てき》陣《じん》のようすを逐一報告《ちくいちほうこく》させましょう」

「うむ。みなの者《もの》よろしくたのむ」

家康《いえやす》は、何度《なんど》も彼《かれ》らにうなずきかけた。

その夜《よる》のうちに、康政《やすまさ》は、何枚《なんまい》もの書面《しょめん》を書《か》いた。

「羽柴秀吉《はしばひでよし》は、低《ひく》い身分《みぶん》から信長《のぶなが》に取《と》り立《た》ててもらったのに、その恩《おん》を忘《わす》れて主君《しゅくん》の子《こ》を殺《ころ》し、天下《てんか》を奪《うば》い取《と》ろうとしている。大逆無道《たいぎゃくむどう》のふるまいである。わが家康公《いえやすこう》は、信長公《のぶながこう》との旧交《きゅうこう》を懐《なつ》かしみ、大義《たいぎ》のために秀吉《ひでよし》と戦《たたか》う。諸侯《しょこう》よ、逆賊秀吉《ぎゃくぞくひでよし》にくみし、千年《せんねん》のちにも恨《うら》みを残《のこ》すより、我《われ》らに合力《ごうりょく》し名声《めいせい》を得《え》られよ」

達筆《たっぴつ》で知《し》られた康政《やすまさ》のみごとな文章《ぶんしょう》は、翌日《よくじつ》あちこちに掲《かか》げられ、また伊賀者《いがもの》の手《て》によって、楽田城《がくでんじょう》の中《なか》にも投《な》げ入《い》れられた。

これに、秀吉《ひでよし》はかんかんになって怒《おこ》ったらしい。榊原康政《さかきばらやすまさ》の首《くび》を取《と》ったものには十万石《まんごく》をつかわすと言《い》った、という話《はなし》が徳川《とくがわ》の陣《じん》にも伝《つた》えられ、家康《いえやす》たちは大《おお》いに笑《わら》った。

そして、その効果《こうか》があったのかどうか。

秀吉軍《ひでよしぐん》に動《うご》きあり、という報告《ほうこく》が、服部半蔵正成《はっとりはんぞうまさなり》からもたらされたのは、その数日後《すうじつご》の夜半《やはん》のことだった。

「秀吉《ひでよし》の甥《おい》・三好秀次《みよしひでつぐ》を大将《たいしょう》に、一万《まん》五千《せん》あまりの兵《へい》が、楽田城《がくでんじょう》を出《で》て南下《なんか》しはじめたもよう。目的地《もくてきち》はどうやら、三河岡崎《みかわおかざき》ではないかと」

「手薄《てうす》になっている岡崎城《おかざきじょう》を奪《うば》い取《と》り、兵糧《ひょうろう》の道《みち》を絶《た》たれた我《われ》らが焦《あせ》って小牧山城《こまきやまじょう》を出《で》たところを、秀吉《ひでよし》どのの本隊《ほんたい》が後《うし》ろから襲《おそ》うという算段《さんだん》か。いわゆる〝中入《なかい》り〟だな」

家康《いえやす》は、床《ゆか》に広《ひろ》げられた絵図面《えずめん》を、扇《おうぎ》の先《さき》でぴしりと叩《たた》いた。

「康政《やすまさ》。四千率《せんひき》いて羽柴軍《はしばぐん》の中入《なかい》り隊《たい》を追《お》え。わしも後《あと》からすぐに行《い》く。忠勝《ただかつ》、忠次《ただつぐ》はここ小牧山城《こまきやまじょう》を守《まも》れ！」

速《すみ》やかに城内《じょうない》に使《つか》いが回《まわ》され、まず榊原康政隊《さかきばらやすまさたい》四千《せん》が城《しろ》を出《で》た。続《つづ》いて、井伊直政《いいなおまさ》を先鋒《せんぽう》に、家康《いえやす》と信雄《のぶかつ》の本隊《ほんたい》も動《うご》く。

小牧《こまき》のあたりから南《みなみ》は、雑木林《ぞうきばやし》の広《ひろ》がる荒《あ》れた丘陵地《きゅうりょうち》だ。林《はやし》の中《なか》の狭《せま》い道《みち》を大軍《たいぐん》で行進《こうしん》するうち、羽柴軍《はしばぐん》の中入《なかい》り隊《たい》は次第《しだい》に分断《ぶんだん》され、先頭《せんとう》から最後尾《さいこうび》まで、二里《り》（約《やく》八キロメートル）以上《いじょう》も距離《きょり》が出来《でき》てしまっていた。

伊賀者《いがもの》がもたらした地形《ちけい》の情報《じょうほう》をもとに、気取《けど》られぬよう慎重《しんちょう》に追撃《ついげき》していた榊原隊《さかきばらたい》は、休息《きゅうそく》を取《と》っていた三好秀次《みよしひでつぐ》の本隊《ほんたい》に、ついに追《お》いつく。

行軍疲《こうぐんづか》れと油断《ゆだん》で士気《しき》が下《さ》がっていた三好隊《みよしたい》は、朝霧《あさぎり》の立《た》ちこめる中《なか》、突然襲《とつぜんおそ》いかかってきた榊原隊《さかきばらたい》になすすべもなく蹴散《けち》らされ、大将《たいしょう》であるはずの秀次《ひでつぐ》は、自分《じぶん》の馬《うま》すら失《うしな》って、ほうほうの体《てい》で逃《に》げだした。

やがて、異変《いへん》に気《き》づいた先頭《せんとう》の部隊《ぶたい》が駆《か》けもどってきたころには、長久手《ながくて》の原《はら》を見下《みお》ろす丘《おか》の上《うえ》に、徳川《とくがわ》の三つ葉葵《ばあおい》と、織田《おだ》の木瓜《もっこう》の旗印《はたじるし》ひらめく総勢《そうぜい》一万《まん》の軍勢《ぐんぜい》が、万全《ばんぜん》の陣《じん》構《がま》えで立《た》ちふさがっていたのである。

年若《としわか》い井伊直政《いいなおまさ》が、血気《けっき》に逸《はや》って大将自《たいしょうみずか》ら敵陣《てきじん》に斬《き》りこんでいくさまに苦笑《くしょう》しながら、家康《いえやす》は感慨深《かんがいぶか》く戦場《せんじょう》を見下《みお》ろす。

直政《なおまさ》の率《ひき》いている、具足《ぐそく》も旗指物《はたさしもの》も、馬《うま》の鞭《むち》すら朱塗《しゅぬ》りで統一《とういつ》した部隊《ぶたい》は、かつての武《たけ》田軍《だぐん》の赤備《あかぞな》え隊《たい》の生《い》き残《のこ》りを中心《ちゅうしん》に編成《へんせい》されたものだ。

「あの者《もの》どもも、まさか織田《おだ》と徳川《とくがわ》の旗《はた》の下《もと》で戦《たたか》うことになるなど、思《おも》ってもみなかったろうな」

家康《いえやす》のつぶやきに、かたわらに控《ひか》える本多正信《ほんだまさのぶ》が静《しず》かに応《こた》えた。

「生《い》き残《のこ》った者《もの》だけが、世《よ》の中《なか》を変《か》えられるのです」

しばらく戦《いくさ》は一進一退《いっしんいったい》が続《つづ》いたが、ついに羽柴軍《はしばぐん》の猛将《もうしょう》・森長可《もりながよし》が眉間《みけん》に銃弾《じゅうだん》を浴《あ》びて壮絶《そうぜつ》な討《う》ち死《じ》にを遂《と》げたのをきっかけに、徳川方《とくがわがた》が勢《いきお》いを増《ま》して押《お》しはじめる。

そのころ、ようやく、秀次隊《ひでつぐたい》の敗戦《はいせん》を聞《き》いた楽田城《がくでんじょう》の秀吉《ひでよし》は、あわてて四万《まん》あまりの軍《ぐん》を率《ひき》いて城《しろ》を出《で》たが、彼《かれ》らが長久手《ながくて》に着《つ》いた時《とき》には、もうすべては終《お》わっていた。徳川軍《とくがわぐん》は陣《じん》を払《はら》い、後《あと》にはただ、累々《るいるい》たる羽柴軍《はしばぐん》の屍《しかばね》が残《のこ》るばかりだった。

こうして、のちに言《い》う「小牧《こまき》・長久手《ながくて》の戦《たたか》い」は、家康《いえやす》の圧勝《あっしょう》に終《お》わったのである。

この敗戦《はいせん》に懲《こ》りた秀吉《ひでよし》は、家康《いえやす》との直接対決《ちょくせつたいけつ》をあきらめ、方針《ほうしん》を転換《てんかん》する。織田信雄《おだのぶかつ》に和睦《わぼく》を持《も》ちかけたのである。

表向《おもてむ》きはへりくだって非礼《ひれい》をわび、ここで手打《てう》ちにすれば今《いま》の領土《りょうど》はとらないと約束《やくそく》した秀吉《ひでよし》の言葉《ことば》を聞《き》き入《い》れ、信雄《のぶかつ》は結局《けっきょく》、家康《いえやす》になんの相談《そうだん》もなく、和睦《わぼく》を承知《しょうち》してしまう。信雄《のぶかつ》に加勢《かせい》するという大義名分《たいぎめいぶん》で戦《たたか》いを始《はじ》めた家康《いえやす》も、なし崩《くず》しに講和《こうわ》を呑《の》むことになってしまった。

3　関白秀吉《かんぱくひでよし》

天正十三年《てんしょうねん》（一五八五年《ねん》）、四国《しこく》をも平定《へいてい》した秀吉《ひでよし》は、ついに朝廷《ちょうてい》から「豊臣《とよとみ》」の姓《せい》を賜《たまわ》り、「関白《かんぱく》」の位《くらい》を授《さず》けられる。

これは、天皇《てんのう》に代《か》わって政《まつりごと》を行《おこな》うことの出来《でき》る、公家《くげ》の最高位《さいこうい》である。

羽柴秀吉《はしばひでよし》は豊臣秀吉《とよとみひでよし》となり、日本史上《にほんしじょう》で初《はじ》めて、武家出身《ぶけしゅっしん》の関白《かんぱく》となった。

そして、各地《かくち》の大名《だいみょう》たちに、関白就任《かんぱくしゅうにん》の祝《いわ》いのため、大坂《おおさか》に来《く》るようにとの触《ふ》れを出《だ》す。

だが、家康《いえやす》は、なかなか腰《こし》を上《あ》げなかった。

*

翌年《よくとし》の春《はる》。家康《いえやす》が浜松城《はままつじょう》の奥座敷《おくざしき》に向《む》かうと、ちょうど阿茶《あちゃ》の局《つぼね》とお愛《あい》の方《かた》が、数人《すうにん》の侍女《じじょ》たちと一緒《いっしょ》に、たくさんの着物《きもの》をより分《わ》けているところだった。

「これは、殿《との》。どうされたのです、突然《とつぜん》」

「おお、ふたりとも元気《げんき》そうじゃな。それは夏物《なつもの》の着物《きもの》か？」

「はい。今朝《けさ》、茶屋四郎次郎《ちゃやしろうじろう》さまがお持《も》ちくださいまして。みなで分《わ》けようとしていたところでございます――あら、榊原《さかきばら》さまもおいでですか？」

強《つよ》い近眼《きんがん》のお愛《あい》の方《かた》は、目《め》を細《ほそ》めて、家康《いえやす》の後《うし》ろに控《ひか》えている男《おとこ》をみやる。

「ということは、なにか、政治向《せいじむ》きのお話《はなし》でしょうか」

阿茶《あちゃ》は、侍女《じじょ》たちに目配《めくば》せして、着物《きもの》を片付《かたづ》けさせた。表《おもて》の話《はなし》であれば阿茶《あちゃ》の役割《やくわり》であろうと、お愛《あい》の方《かた》も一礼《いちれい》して下《さ》がろうとする。

「いやいや、お愛《あい》もおってくれ、そなたらみなに関係《かんけい》あることなのでな」

そう言《い》っておきながら、家康《いえやす》はなにか言《い》いづらそうだった。ついには後《うし》ろの榊原康政《さかきばらやすまさ》をうながす。康政《やすまさ》はため息《いき》をついて、前《まえ》へにじり出《で》た。

「実《じつ》は――このたび、関白殿下《かんぱくでんか》が、妹御《いもうとご》の朝日姫《あさひひめ》さまを、殿《との》のご正室《せいしつ》にと申《もう》し出《で》てこられまして」

「まあ」

お愛《あい》と阿茶《あちゃ》は顔《かお》を見合《みあ》わせた。苦虫《にがむし》をかみつぶしたような顔《かお》の家康《いえやす》は口《くち》を開《ひら》かない。康《やす》政《まさ》は仕方《しかた》なく続《つづ》けた。

「築山御前《つきやまごぜん》が亡《な》くなって以来《いらい》、殿《との》にはご正室《せいしつ》はおられませぬゆえ。ぜひ義兄弟《ぎきょうだい》になりたいとのお言葉《ことば》で――」

「しかし――秀吉《ひでよし》さまの妹御《いもうとご》ならもうかなりのお歳《とし》でございましょう。まだご結婚《けっこん》されておられぬのですか？」

阿茶《あちゃ》が尋《たず》ねると、家康《いえやす》は人目《ひとめ》もはばからずため息《いき》をついた。

「若《わか》いころに嫁《とつ》いだ相手《あいて》と仲《なか》むつまじい夫婦《ふうふ》であったらしいのに、それをわざわざ離縁《りえん》させたというのだ」

「まあ、なんとお気《き》の毒《どく》な」

お愛《あい》の方《かた》が悲鳴《ひめい》のように言《い》った。家康《いえやす》は心底《しんそこ》うんざりしているような声《こえ》を出《だ》す。

「相手《あいて》の男《おとこ》は殿下《でんか》のご命令《めいれい》に逆《さか》らえず、いずこかへ失踪《しっそう》したらしい。もう生《い》きてはおるまいとのことだ。わしが断《ことわ》ったら朝日殿《あさひどの》は出家《しゅっけ》するしか道《みち》がなくなる」

「殿下《でんか》はそこまでして殿《との》を臣下《しんか》になさりたいのですね」

阿茶《あちゃ》は考《かんが》えこむように言《い》う。家康《いえやす》はまたため息《いき》をついた。

「そういうわけで、わしはこの年《とし》になって正室《せいしつ》を持《も》つことになった。形《かたち》だけの正室《せいしつ》だが、気《き》の毒《どく》ないきさつであるし、あちらもなにかと気詰《きづ》まりであろうゆえ、浜松《はままつ》では挙式《きょしき》だけして、あとは岡崎《おかざき》の城《しろ》でのんびりしていただくつもりだ。他《ほか》の側室《そくしつ》どもにもわしからよう言《い》うておくが、そなたらからもよう取《と》りなして、くれぐれも粗相《そそう》のないようにしてくれ。たまには話相手《はなしあいて》にでもなってやってほしい」

「心得《こころえ》ましてございます」

阿茶《あちゃ》もお愛《あい》も、静《しず》かに頭《あたま》を下《さ》げた。

そして、五月半《がつなか》ばに、朝日姫《あさひひめ》は豪華《ごうか》な輿入《こしい》れ支度《じたく》とともに、浜松《はままつ》にやってきた。もう四十四歳《さい》になっている朝日姫《あさひひめ》は、痩《や》せて、疲《つか》れきっているように見《み》えた。元《もと》はただの農民《のうみん》の娘《むすめ》であったのに、兄《あに》があまりに出世《しゅっせ》をしたがために振《ふ》り回《まわ》され、このような目《め》にあっている彼女《かのじょ》を、家康《いえやす》は心《こころ》から気《き》の毒《どく》に思《おも》い、出来《でき》る限《かぎ》り優《やさ》しく接《せっ》した。しかし、朝日姫《あさひひめ》は、すべてをあきらめたような顔《かお》で、さみしく笑《わら》うばかりだった。

案《あん》の定《じょう》、秀吉《ひでよし》は、これで義兄弟《ぎきょうだい》になったのだから、ぜひに大坂《おおさか》に来《こ》られよと、矢《や》のように催促《さいそく》してくる。家康《いえやす》は、それをのらりくらりとかわし続《つづ》けた。

すると、秀吉《ひでよし》は今度《こんど》は、自分《じぶん》の老《お》いた母親《ははおや》を、岡崎《おかざき》に送《おく》ると言《い》ってきた。表向《おもてむ》きは、娘《むすめ》の朝日姫《あさひひめ》に会《あ》いたがっているから、という話《はなし》だが、実際《じっさい》はそちらで人質《ひとじち》にしてくれという申《もう》し出《で》だ。

そうして、真夏《まなつ》の暑《あつ》いさなかに、秀吉《ひでよし》の母《はは》で、今《いま》は「大政所《おおまんどころ》」と呼《よ》ばれている老女《ろうじょ》が、輿《こし》に揺《ゆ》られてはるばると岡崎城《おかざきじょう》にやってきたのだった。

「……あれは本物《ほんもの》だ。関白殿下《かんぱくでんか》は、本当《ほんとう》に母御《ははご》を送《おく》ってよこしたわ」

浜松《はままつ》に戻《もど》った家康《いえやす》は、奥座敷《おくざしき》に阿茶《あちゃ》と本多正信《ほんだまさのぶ》、そして井伊直政《いいなおまさ》を呼《よ》んで、そう言《い》った。

「どうせ偽物《にせもの》に決《き》まっておるとみなが言《い》うたが、朝日《あさひ》と会《あ》わせてみたら、まあ、ふたりで手《て》を取《と》り合《あ》って泣《な》くこと泣《な》くこと……」

「まことにお気《き》の毒《どく》でございますねえ」

阿茶《あちゃ》は心《こころ》からふたりに同情《どうじょう》しているようだった。

「わたしとお愛《あい》どのも、御台《みだい》さま（朝日姫《あさひひめ》）には先日《せんじつ》ご挨拶《あいさつ》にうかがったのですが、もうお心《こころ》は半分失《はんぶんうしな》われているようなごようすで。お愛《あい》どのなど、あとでもらい泣《な》いておられました」

「これは、潮時《しおどき》であろうなあ」

家康《いえやす》は、やれやれ、という顔《かお》で言《い》った。直政《なおまさ》が驚《おどろ》く。

「それでは殿《との》は、大坂《おおさか》へ行《い》かれるのですか？」

「うむ。もはや世《よ》の流《なが》れは変《か》えられまい。ここでわしが我《が》を張《は》ってまた戦《いくさ》になることは誰《だれ》も望《のぞ》まぬであろう。酒井忠次《さかいただつぐ》などはまだ、上洛《じょうらく》したらわしが殺《ころ》されると疑《うたが》っておるようだが、関白殿下《かんぱくでんか》の母御思《ははごおも》いはよう知《し》られておること。ここまでされてはねつけるのは、武士《ぶし》の道《みち》というよりは人《ひと》の道《みち》にはずれよう」

「殿下《でんか》にはしてやられましたな」

正信《まさのぶ》も苦笑《にがわら》いする。家康《いえやす》は、阿茶《あちゃ》と、直政《なおまさ》に言《い》いつけた。

「わしの留守中《るすちゅう》、早《はや》まった家臣《かしん》どもが、朝日《あさひ》と大政所《おおまんどころ》さまに害《がい》を加《くわ》えようとするやもしれぬ。すまぬがおぬしらようはかって、さようなことがないようにしてくれ」

「……おそれながら、阿茶《あちゃ》さまはともかく、なぜわたくしにそのお役目《やくめ》を？」

直政《なおまさ》が首《くび》をかしげると、家康《いえやす》は笑《わら》った。

「朝日《あさひ》や大政所《おおまんどころ》さまの侍女《じじょ》の間《あいだ》では、井伊《いい》さまは美男子《びだんし》じゃとたいそう評判《ひょうばん》らしい。そなたは心配《こころくば》りもきくし、あれら気《き》の毒《どく》な女子衆《おなごしゅう》に、少《すこ》し優《やさ》しくしてやるがよい」

「ははっ」

家康《いえやす》の、むかし同《おな》じ岡崎《おかざき》で守《まも》りきれなかった築山御前《つきやまごぜん》と信康《のぶやす》への思《おも》いをくみとったのか、直政《なおまさ》はかすかに微笑《ほほえ》んだ。

＊

その年《とし》の十月下旬《がつげじゅん》、家康《いえやす》はついに大坂《おおさか》へ向《む》かった。

大坂《おおさか》へ入《はい》る前《まえ》、京《きょう》の都《みやこ》に一泊《ぱく》した時《とき》のことだ。夜《よ》も更《ふ》け、そろそろ寝《ね》ようかという頃合《ころあ》いになって、宿《やど》にしていた茶屋四郎次郎清延《ちゃやしろうじろうきよのぶ》の屋敷《やしき》が、突然騒《とつぜんさわ》がしくなった。

「た、たいへんでございます！」

あわあわとしながら部屋《へや》に転《ころ》がりこんできたのは、屋敷《やしき》の主《あるじ》、清延《きよのぶ》だ。

「どうした茶屋《ちゃや》よ。やはり関白《かんぱく》どのが兵《へい》を差《さ》し向《む》けてきたか？」

「いいえ、兵《へい》ではなく、関白殿下自《かんぱくでんかみずか》らがお越《こ》しになりました！」

「なに!? 殿下自《でんかみずか》らわしを殺《ころ》しに？」

「ち、違《ちが》います。殿下《でんか》は小姓《こしょう》を三人《にん》ほどお連《つ》れになっているだけで、まったくのお忍《しの》びでございます！」

「なんだと？」

わけがわからずうろたえていると、そこに、本当《ほんとう》に秀吉本人《ひでよしほんにん》がやってきた。

「ややあ、徳川《とくがわ》どの。お顔《かお》を見《み》るのは長篠以来《ながしのいらい》でござるな」

相変《あいか》わらずの人《ひと》なつこい笑顔《えがお》でそう言《い》うと、家康《いえやす》の居間《いま》にずかずかと入《はい》ってくる。家康《いえやす》はあわてて上座《かみざ》をゆずった。

「これは殿下《でんか》、いったいどうなさったのです。明日《あす》はこちらから大坂城《おおさかじょう》にうかがうことになっておりますのに」

「そうそう、そのことよ。まあ、まずは一緒《いっしょ》に酒《さけ》でも」

秀吉《ひでよし》は、小姓《こしょう》に持《も》たせてきた酒《さけ》を杯《さかずき》につぎ、まず自分《じぶん》で飲《の》み干《ほ》してから、改《あらた》めて家康《いえやす》に差《さ》しだした。毒《どく》など入《はい》っていないと示《しめ》したのだろう。

小姓《こしょう》も下《さ》がらせ、ふたりきりになると、秀吉《ひでよし》はあれこれと思《おも》い出話《でばなし》をしはじめた。信長《のぶなが》のこと。金ケ崎《かねがさき》や長篠《ながしの》の戦《いくさ》のこと。小牧《こまき》・長久手《ながくて》のこと。

「まるで昨日《きのう》のことのようだのに、そなたもわしも年《とし》を取《と》ったのう。わしは今年《ことし》で五十、そなたは四十五か」

まるで昔《むかし》からの友人《ゆうじん》のように、ひとしきり楽《たの》しげに語《かた》らったあと、秀吉《ひでよし》は急《きゅう》に真顔《まがお》になり、家康《いえやす》の顔《かお》をまっすぐに見《み》て言《い》った。

「のう徳川《とくがわ》どの。今夜《こんや》は、そなたに頼《たの》みがあって参《まい》ったのじゃ」

「頼《たの》み、とは」

秀吉《ひでよし》は、少《すこ》し恥《は》ずかしそうに、髪《かみ》の少《すく》ない頭《あたま》を自分《じぶん》でなでながら笑《わら》った。

「このわしは、今《いま》ではこうして位人臣《くらいじんしん》を極《きわ》めたが、もともとは信長公《のぶながこう》の草履取《ぞうりと》りであったことを知《し》らぬ者《もの》はおらぬ。それゆえ、みなうわべでは敬《うやま》ってくれるが、心《こころ》のどこかではやはりわしを見下《みくだ》しておると思《おも》うのだ」

「………」

「そこでじゃ、明日《あす》の対面《たいめん》の時《とき》、わしはわざと偉《えら》そうにして見《み》せるから、諸大名《しょだいみょう》の前《まえ》で頭《あたま》を下《さ》げてくれ。信長公《のぶながこう》の盟友《めいゆう》で、わしを長久手《ながくて》で打《う》ち負《ま》かしたそなたがそうしてくれれば、きっとみな、わしを見直《みなお》してくれるはず。もうわしとそなたは敵《てき》ではないと、みなに知《し》らしめたいのじゃ」

これこのとおり、と手《て》を合《あ》わせて拝《おが》む秀吉《ひでよし》に、家康《いえやす》は不思議《ふしぎ》な感動《かんどう》を覚《おぼ》えた。

それは、あの長篠《ながしの》の戦《いくさ》の時《とき》、信長《のぶなが》に対《たい》して感《かん》じた畏怖《いふ》と、よく似《に》ていた。

この男《おとこ》・秀吉《ひでよし》もまた、天下人《てんかびと》になるべくして生《う》まれた者《もの》なのだろう。

「ようわかりました。どうかお顔《かお》を上《あ》げてくだされ、関白殿下《かんぱくでんか》」

家康《いえやす》は、秀吉《ひでよし》の手《て》を握《にぎ》った。

「この家康《いえやす》が頭《あたま》を下《さ》げるだけで天下《てんか》が丸《まる》く収《おさ》まるなら、易《やす》きことでございます」

そして翌日《よくじつ》。

家康《いえやす》は、広大《こうだい》な大坂城《おおさかじょう》を初《はじ》めて目《め》にした。

天高《てんたか》くそびえる、黒《くろ》と金《きん》で彩《いろど》られた天守《てんしゅ》。一分《いちぶ》の隙《すき》もなく積《つ》み上《あ》げられた石垣《いしがき》。城下《じょうか》に広《ひろ》がる屋敷町《やしきまち》。

なんというきらびやかさ。なんという勇壮《ゆうそう》さ。

信長《のぶなが》の安土城《あづちじょう》に負《ま》けじという秀吉《ひでよし》の心《こころ》が、そのまま形《かたち》になったような城《しろ》だ。

派手好《はでず》きな秀吉《ひでよし》が趣向《しゅこう》を凝《こ》らした本丸御殿《ほんまるごてん》の大広間《おおひろま》には、金泥《きんでい》のふすま絵《え》の前《まえ》に大勢《おおぜい》の大名《だいみょう》たちがずらりと顔《かお》を並《なら》べていた。

みな、家康《いえやす》がどのような顔《かお》で秀吉《ひでよし》に会《あ》うのか、興味津々《きょうみしんしん》というようすだ。

家康《いえやす》は、なにやら少《すこ》しおかしくなってきて、笑《わら》いそうになるのを必死《ひっし》でこらえた。

やがて、上段《じょうだん》に、白地《しろじ》に赤《あか》い縁取《ふちど》りのある陣羽織《じんばおり》を身《み》につけた秀吉《ひでよし》が、もったいぶったようすで現《あらわ》れた。

「関白《かんぱく》、豊臣《とよとみ》の秀吉《ひでよし》である。徳川三河守《とくがわみかわのかみ》、よう参《まい》った」

「ははーっ」

家康《いえやす》は、畳《たたみ》に額《ひたい》をすりつけんばかりにして頭《あたま》を下《さ》げた。

「このたびは関白《かんぱく》ご就任《しゅうにん》、まことにおめでとうございます。この三河守《みかわのかみ》、全身全霊《ぜんしんぜんれい》をもって殿下《でんか》のためお仕《つか》えいたしまする」

おおっ、と人々《ひとびと》がどよめく。秀吉《ひでよし》は満足《まんぞく》そうだった。家康《いえやす》は、顔《かお》を上《あ》げて秀吉《ひでよし》に言《い》う。

「つきましては、ひとつお願《ねが》いがございまする。その殿下《でんか》がお召《め》しの陣羽織《じんばおり》、それがしにいただけませぬでしょうか」

「なに、この陣羽織《じんばおり》を？　いやいや、これはわしの大事《だいじ》な軍用《ぐんよう》の羽織《はおり》じゃ」

「それだからこそでございます。それがしが参《まい》ったからには、もうこの先《さき》二度《ど》と、殿下御《でんかおん》自《みずか》ら戦場《せんじょう》に立《た》つようなまねはさせませぬ。兵馬《へいば》の労《ろう》はすべて、この家康《いえやす》が代《か》わりに引《ひ》き受《う》けまするゆえに」

居並《いなら》ぶ大名《だいみょう》たちは目《め》を丸《まる》くしている。

秀吉《ひでよし》は大喜《おおよろこ》びで上段《じょうだん》から降《お》りてくると、自分《じぶん》の陣羽織《じんばおり》を脱《ぬ》いで、家康《いえやす》に着《き》せかけた。

「みなの者《もの》、聞《き》いたか。わしは素晴《すば》らしい妹婿《いもうとむこ》を持《も》ったものよ」

秀吉《ひでよし》と家康《いえやす》は、人々《ひとびと》がどよめくなか、目《め》を見交《みか》わしながら笑《わら》った。

家康《いえやす》は、もはや人質《ひとじち》の必要《ひつよう》のなくなった大政所《おおまんどころ》を、井伊直政《いいなおまさ》に送《おく》らせて、丁重《ていちょう》に秀吉《ひでよし》の元《もと》に返《かえ》した。

やがて、秀吉《ひでよし》は九州《きゅうしゅう》、さらには四国《しこく》にも兵《へい》を進《すす》め、これを制圧《せいあつ》する。

残《のこ》るは、奥州《おうしゅう》（東北《とうほく》）の諸氏《しょし》と、関東《かんとう》の北条氏《ほうじょうし》である。

秀吉《ひでよし》の天下統一《てんかとういつ》は、もう間近《まぢか》に迫《せま》っていた。

四　天下《てんか》をめぐって

1　国替《くにが》え

天正《てんしょう》十八年《ねん》（一五九〇年《ねん》）の夏《なつ》。家康《いえやす》は、相模国《さがみのくに》にいた。

箱根山《はこねやま》から連《つら》なる笠懸山《かさがけやま》（今《いま》の石垣山《いしがきやま》）の中腹《ちゅうふく》からは、広大《こうだい》な縄張《なわば》り（敷地《しきち》）を持《も》つ、北条氏《ほうじょうし》の居城《きょじょう》、小田原城《おだわらじょう》が見渡《みわた》せる。

武田信玄《たけだしんげん》も、〝越後《えちご》の龍《りゅう》〟上杉謙信《うえすぎけんしん》も落《お》とせなかった天下《てんか》の名城《めいじょう》・小田原城《おだわらじょう》。

北条氏《ほうじょうし》の当主《とうしゅ》・北条氏直《ほうじょううじなお》と、その父《ちち》である氏政《うじまさ》は、豊臣《とよとみ》への臣従《しんじゅう》を拒《こば》み通《とお》し、ついに秀吉《ひでよし》の怒《いか》りを買《か》った。

今《いま》、この城《しろ》は、秀吉《ひでよし》の号令《ごうれい》で全国《ぜんこく》から集《あつ》められた、総勢《そうぜい》二十万《まん》の軍《ぐん》によって包囲《ほうい》されている。家康《いえやす》ももちろん、その将《しょう》のひとりとして、酒井忠次《さかいただつぐ》、本多忠勝《ほんだただかつ》、井伊直政《いいなおまさ》らとともに、三万《まん》あまりの兵《へい》を率《ひき》いて参戦《さんせん》していた。

北条氏直《ほうじょううじなお》は、家康《いえやす》にとっては娘婿《むすめむこ》にあたる。かつて同盟《どうめい》を結《むす》んだ時《とき》に、次女《じじょ》である督姫《とくひめ》を嫁《とつ》がせたのだ。

その縁《えん》もあり、家康《いえやす》は何度《なんど》も何度《なんど》も、北条《ほうじょう》に使《つか》いをやって臣従《しんじゅう》を呼《よ》びかけた。だが、百年《ひゃくねん》続《つづ》いた名家《めいか》である北条氏《ほうじょうし》の誇《ほこ》りが、草履取《ぞうりと》りから身《み》を起《お》こした秀吉《ひでよし》の下《した》に入《はい》ることをどうしても許《ゆる》せなかったのかもしれない。

(愚《おろ》かなことだ。その誇《ほこ》りが、北条家《ほうじょうけ》をつぶすことになろうとは……)

氏直《うじなお》は、督姫《とくひめ》を離縁《りえん》すると言《い》ってきた。覚悟《かくご》は決《き》まっているのだろう。

秀吉《ひでよし》は、天下人《てんかびと》の強大《きょうだい》な力《ちから》を見《み》せつけるため、この笠懸山《かさがけやま》に、わずか八十日間《にちかん》で、みごとな石垣《いしがき》を積《つ》み上《あ》げた城《しろ》を築《きず》かせた。周辺《しゅうへん》の木々《きぎ》を残《のこ》したまま密《ひそ》かに築城《ちくじょう》させ、城《しろ》が出来《でき》上《あ》がったところで一気《いっき》に木《き》を切《き》らせたので、おそらく小田原城《おだわらじょう》からは、一夜《いちや》にして山腹《さんぷく》に城《しろ》が現《あらわ》れたと見《み》えたはずだ。

小田原城《おだわらじょう》の周《まわ》りには、音《おと》に聞《き》こえた各国大名《かっこくだいみょう》たちの旗《はた》が所狭《ところせま》しとなびいている。相模湾《さがみわん》すら、かつて信長《のぶなが》の水軍《すいぐん》として有名《ゆうめい》だった九鬼一族《くきいちぞく》や、新《あら》たに臣従《しんじゅう》した四国《しこく》の長宗我部《ちょうそかべ》が率《ひき》いる軍船《ぐんせん》で埋《う》め尽《つ》くされているのだ。

それだけではない。はるか北《きた》からは越後《えちご》(新潟県《にいがたけん》)の上杉《うえすぎ》、加賀《かが》(石川県《いしかわけん》)の前田《まえだ》の連《れん》合軍《ごうぐん》がおしよせ、北条《ほうじょう》の城《しろ》をつぎつぎに落《お》としながらこちらへと進軍《しんぐん》しているはずだ。

城攻《しろぜ》めと心理戦《しんりせん》を得意《とくい》とする秀吉《ひでよし》に、どのようにも使《つか》える大軍《たいぐん》と金《かね》。それを相手《あいて》にしては、いくら小田原城《おだわらじょう》の守《まも》りが堅《かた》かろうとも勝《か》ち目《め》などない。

籠城《ろうじょう》が始《はじ》まってからはや三カ月《げつ》。小田原城内《おだわらじょうない》ではそろそろ兵糧《ひょうろう》も乏《とぼ》しくなり、逃《に》げだす兵《へい》も後《あと》を絶《た》たぬという。

一方《いっぽう》、囲《かこ》んでいる豊臣軍《とよとみぐん》はもはや物見遊山《ものみゆさん》も同然《どうぜん》で、秀吉《ひでよし》などは京《きょう》から最愛《さいあい》の側室《そくしつ》・茶々《ちゃちゃ》を呼《よ》び寄《よ》せて、毎日陣中《まいにちじんちゅう》で茶会《ちゃかい》を開《ひら》いたり、猿楽《さるがく》や狂言《きょうげん》を催《もよお》したりなどしている。

「ややあ徳川《とくがわ》どの。ここにおられたか」

後《うし》ろからふいに声《こえ》をかけてきたのは、秀吉《ひでよし》その人《ひと》だった。

「これは殿下《でんか》、どうなさいました。おひとりで?」

「うむ。ここからは小田原城《おだわらじょう》がよう見《み》えるであろう。わしも気《き》に入《い》っておる場所《ばしょ》なのじゃ」

秀吉《ひでよし》は、ひょこひょこと家康《いえやす》の横《よこ》を通《とお》り過《す》ぎると、石垣《いしがき》の上《うえ》に立《た》ち、いきなり崖下《がけした》へ向《む》かって小便《しょうべん》をしはじめた。

「徳川《とくがわ》どのも一緒《いっしょ》にどうじゃ? 高《たか》いところから放《はな》つと気持《きも》ちがええぞ」

「はあ」

仕方《しかた》なく、家康《いえやす》も秀吉《ひでよし》のとなりに並《なら》び、一緒《いっしょ》に立《た》ち小便《しょうべん》をする。ひとしきりじゃあじゃあと放尿《ほうにょう》し、あーすっきりした、とつぶやいた秀吉《ひでよし》は、おもむろに家康《いえやす》に切《き》りだした。

「徳川《とくがわ》どの。もうまもなく北条《ほうじょう》は落《お》ちる。そうしたらな、北条《ほうじょう》の領地《りょうち》はそのままそなたにやろうと思《おも》っておるんだが、どうじゃ？」

「なんと……それは、ありがたきおおせにございますが……」

家康《いえやす》は身構《みがま》えた。北条《ほうじょう》の領地《りょうち》は、関八州《かんはっしゅう》とも呼《よ》ばれ、八カ国《こく》（今《いま》の関東地方《かんとうちほう》ほぼ全土《ぜんど》）二百五十万石《ひゃくまんごく》である。それをまるまる家康《いえやす》にやるなどと、気前《きまえ》がよすぎる。

案《あん》の定《じょう》、秀吉《ひでよし》は続《つづ》けて言《い》った。

「ま、その代《か》わりに、今《いま》の領地《りょうち》はちょっと返《かえ》してもらいたい。他《ほか》の家臣《かしん》に分《わ》けてやりたいのでな」

「………」

家康《いえやす》は言葉《ことば》に詰《つ》まった。

確《たし》かに、関八州《かんはっしゅう》と、現在《げんざい》の徳川領《とくがわりょう》五カ国《こく》では、石高《こくだか》は関八州《かんはっしゅう》の方《ほう》が大《おお》きい。だが、生《う》まれ故郷《こきょう》の三河《みかわ》をはじめ、今《いま》の領地《りょうち》は家康《いえやす》とその家臣《かしん》たちが、これまで必死《ひっし》の思《おも》いで戦《たたか》って守《まも》ってきた土地《とち》だった。

（ようやく駿河《するが》も落《お》ち着《つ》き、かつて今川館《いまがわやかた》のあった懐《なつ》かしい駿府《すんぷ》に新《あたら》しい城《しろ》を築《きず》いて、引《ひ》き移《うつ》ったばかりなのに……）

それらのすべてを手放《てばな》して、まったく知《し》らない土地《とち》——しかも、これまで北条氏《ほうじょうし》が代々《だいだい》治《おさ》めてきた場所《ばしょ》に乗《の》りこんでいけというのか。

秀吉《ひでよし》は、にやにやと笑《わら》っている。家康《いえやす》を試《ため》しているのだった。

家康《いえやす》は、身《み》なりを整《ととの》え、秀吉《ひでよし》に向《む》き直《なお》った。

「まことにもったいないお話《はなし》。この家康《いえやす》、謹《つつし》んでうけたまわります」

「そうか、そうか。受《う》けてくれるか」

秀吉《ひでよし》は、愉快《ゆかい》そうに笑《わら》いながら、城《しろ》の方《ほう》へ戻《もど》っていった。


ほどなくして、北条《ほうじょう》は降伏《こうふく》した。

先代当主《せんだいとうしゅ》・氏政《うじまさ》は切腹《せっぷく》。氏直《うじなお》は出家《しゅっけ》して高野山《こうやさん》に配流《はいる》となり、五代続《だいつづ》いた関東《かんとう》の名門《めいもん》、北条氏《ほうじょうし》は滅《ほろ》びたのである。

やがて秀吉《ひでよし》から正式《せいしき》に、徳川家《とくがわけ》への関東移封《かんとういほう》の命《めい》が下《くだ》されると、もちろん家臣《かしん》たちは烈《れっ》火《か》のごとく怒《いか》り狂《くる》った。

「こんなことなら隙《すき》を突《つ》いてあのサルを殺《ころ》してやればよかったわ！　機会《きかい》などいくらでもあったのに！」

井伊直政《いいなおまさ》が、「赤鬼《あかおに》」のあだ名《な》のままに真《ま》っ赤《か》になっている。

本多忠勝《ほんだただかつ》も呆《あき》れたように言《い》った。

「いくらなんでも殿《との》も弱腰《よわごし》が過《す》ぎますでしょう！　小田原攻《おだわらぜ》めの行軍《こうぐん》の時《とき》も、領内《りょうない》の城《しろ》を全部《ぜんぶ》、殿下《でんか》を泊《と》まらせるために明《あ》け渡《わた》したりなさって、『殿《との》は女房《にょうぼう》まで殿下《でんか》に貸《か》すおつもりかもしれぬ』などと笑《わら》うものもおりますぞ」

家康《いえやす》は顔《かお》をしかめる。

「おぬしら少々口《しょうしょうくち》が過《す》ぎるであろう。わしだからよいようなものの、これが信長公《のぶながこう》なら首《くび》が飛《と》んでおるぞ。それに殿下《でんか》はおぬしらをよき家臣《かしん》じゃとほめちぎっておられたというに。みなたいそうな禄《ろく》（給料《きゅうりょう》）で豊臣方《とよとみがた》に誘《さそ》われておるのを知《し》らぬと思《おも》っておるのか。わしがいやなら行《い》ってもよいのだぞ。止《と》めはせぬ」

「あいにくとそれがしは、それほど器用《きよう》ではございませんので！」

直政《なおまさ》はそっぽを向《む》いた。榊原康政《さかきばらやすまさ》が言《い》う。

「しかし、殿《との》。この転封《てんぽう》は、我《われ》ら徳川《とくがわ》の力《ちから》をそぐためには違《ちが》いありませぬでしょう。関白《かんぱく》殿下《でんか》は殿《との》を恐《おそ》れておられる。だからこそ、故郷《こきょう》である三河《みかわ》を取《と》りあげ、京《きょう》・大坂《おおさか》から遠《とお》い関東《かんとう》へ追《お》いやるおつもりなのです。その証拠《しょうこ》に、無傷《むきず》で明《あ》け渡《わた》された小田原城《おだわらじょう》ではなく、江戸《えど》とかいう聞《き》いたこともない土地《とち》に住《す》めとおおせとか」

「そんなことはわかっておる。だが、わしは思《おも》ったのだ。もしもわしが関白殿下《かんぱくでんか》であったら、きっと同《おな》じようにするであろうと」

家康《いえやす》は笑《わら》った。

「天下《てんか》に、ふたつの頭《あたま》があってはならぬのだ。それは必《かなら》ず争《あらそ》いの元《もと》となる。わしはもう殿《でん》下《か》の天下《てんか》取《と》りに力添《ちからぞ》えすると決《き》めたのだから、腹《はら》をくってお仕《つか》えするのみじゃ」

そうと決《き》めてからの家康《いえやす》の仕事《しごと》ぶりは徹底《てってい》していた。

家臣《かしん》たちに事細《ことこま》かに命《めい》を下《くだ》し、すべての領地《りょうち》を次《つぎ》の領主《りょうしゅ》へと引《ひ》き継《つ》ぐ手続《てつづ》きを整《ととの》えると、八月《がつ》の初《はじ》めには駿府《すんぷ》の城《しろ》を引《ひ》き払《はら》って、江戸《えど》へ旅立《たびだ》ったのである。

関東移封《かんとういほう》の命《めい》が下《くだ》されてから、たったひと月後《つきご》のことだった。

＊

「なんとまあ、江戸《えど》とはひなびた土地《とち》ですなあ……」

家康《いえやす》とともに江戸《えど》に入《はい》った家臣《かしん》たちは、落胆《らくたん》のため息《いき》をもらした。

このころの江戸《えど》は、小《ちい》さな田舎町《いなかまち》だった。周囲《しゅうい》は延々《えんえん》と続《つづ》く芦原《あしはら》に、漁村《ぎょそん》や農村《のうそん》が点在《てんざい》するだけの荒《あ》れた土地《とち》だ。秀吉《ひでよし》に「居城《きょじょう》にせよ」と命《めい》じられた江戸城《えどじょう》も、なかばうち捨《す》てられたような粗末《そまつ》な城《しろ》で、ところどころ雨漏《あまも》りがあったり、木《き》の塀《へい》なども一部《いちぶ》が壊《こわ》れたままになっていたりした。

「これは思《おも》ったよりも大変《たいへん》なところだが、しかし悪《わる》いことばかりでもなかろう」

家康《いえやす》は、江戸城《えどじょう》の門前《もんぜん》からあたりを見回《みまわ》しながら、またもカッカと怒《いか》りをためている家臣《かしん》たちをなだめる。

「見《み》よ。この広々《ひろびろ》とした平野《へいや》を。どこまで続《つづ》くのかもわからぬような広《ひろ》さじゃ。この城《しろ》も、入《い》り江《え》の迫《せま》った高台《たかだい》の上《うえ》にあり、場所《ばしょ》としては申《もう》し分《ぶん》ない。この広《ひろ》い土地《とち》を、これから我《われ》らの手《て》で、いかようにも出来《でき》るのだぞ。そう考《かんが》えると楽《たの》しくなってはこぬか」

「しかし、ここ関東《かんとう》は、はるか昔《むかし》より東夷《あずまえびす》とも言《い》われ、幾度《いくど》となく都《みやこ》への反乱《はんらん》が起《お》きた土《と》地《ち》。よそ者《もの》にはなかなか治《おさ》めるに難《かた》き土地《とち》ですぞ」

榊原康政《さかきばらやすまさ》の言葉《ことば》に、家康《いえやす》は何度《なんど》もうなずいた。

「それはもう、ようよう承知《しょうち》。だからこそやりがいもあろう」

家康《いえやす》は、家臣《かしん》たちを振《ふ》り返《かえ》る。

「これよりはみな、この土地《とち》を父祖《ふそ》の土地《とち》と思《おも》い、民《たみ》を家族《かぞく》と思《おも》い、力《ちから》を合《あ》わせてよき国《くに》を造《つく》るのじゃ。むやみに我《われ》らのやり方《かた》を押《お》しつけてはならぬ。北条《ほうじょう》が治《おさ》めていたころのやり方《かた》をなるべく変《か》えず、どんなつまらぬことでも訴《うった》えがあったらきちんと聞《き》いてやれ。たとえ聞《き》き入《い》れられぬことでも、訴《うった》え出《で》たことをほめ、むやみに罰《ばっ》してはならぬ」

江戸城《えどじょう》は当面《とうめん》、とりあえず住《す》めるだけでよい。

民《たみ》に無理《むり》を強《し》いる分《ぶん》、上《うえ》に立《た》つ者《もの》は決《けっ》して贅沢《ぜいたく》をしてはならぬ。

家康《いえやす》は、家臣《かしん》たちをそう言《い》って諭《さと》した。

そうして――家康《いえやす》は家臣《かしん》たちにさまざまな仕事《しごと》を与《あた》えて、国造《くにづく》りを始《はじ》めた。
重臣《じゅうしん》たちだけではない。とにかく広大《こうだい》な土地《とち》だ。人《ひと》はいくらいても足《た》りなかった。

戦働《いくさばたら》きが不得手《ふえて》な者《もの》でも、算術《さんじゅつ》が得意《とくい》な者《もの》や、土木工事《どぼくこうじ》に詳《くわ》しい者《もの》を取《と》り立《た》てて、重要《じゅうよう》な仕事《しごと》をどんどん任《まか》せた。土地《とち》をよく知《し》る地元《じもと》の農民《のうみん》の中《なか》から人望《じんぼう》のある者《もの》を選《えら》んで開発《かいはつ》の責任者《せきにんしゃ》にした。

丘《おか》を削《けず》り、浅瀬《あさせ》を埋《う》め立《た》て、人《ひと》の住《す》める土地《とち》を増《ふ》やす。

塩混《しおま》じりの水《みず》しか出《で》ない井戸《いど》をあきらめ、山手《やまて》から水《みず》を引《ひ》く。

大雨《おおあめ》のたびに氾濫《はんらん》する河《かわ》をつけかえ、堤防《ていぼう》を築《きず》く。

やらなければならないことはいくらでもあった。

家康《いえやす》は、時間《じかん》を見《み》つけては、家臣《かしん》や、時《とき》には側室《そくしつ》たちも連《つ》れて鷹狩《たかが》りに出《で》た。

広大《こうだい》な山野《さんや》を、自分《じぶん》たちの足《あし》で歩《ある》き回《まわ》り、河《かわ》の流《なが》れや、土《つち》のようすを確認《かくにん》した。

鷹《たか》が捕《と》らえる獲物《えもの》から、この地《ち》に息《いき》づく獣《けもの》や鳥《とり》の種類《しゅるい》を知《し》った。

農民《のうみん》や漁師《りょうし》たちを呼《よ》び寄《よ》せて、暮《く》らしの話《はなし》を聞《き》いた。

家康《いえやす》は思《おも》っていた。信長《のぶなが》や秀吉《ひでよし》は、舞台《ぶたい》の真《ま》ん中《なか》でひとり舞《ま》う、猿楽《さるがく》のシテ（主役《しゅやく》）のようだと。

自分《じぶん》にはそんな華《はな》はない。新《あたら》しいことを次々思《つぎつぎおも》いつき、人《ひと》を巻《ま》きこんでいく力《ちから》などない。

それでも、大名《だいみょう》の家《いえ》の嫡男《ちゃくなん》として生《う》まれたからは、人《ひと》を使《つか》っていかねばならぬ。

幸《さいわ》い、自分《じぶん》には素晴《すば》らしい家臣《かしん》たちがいた。

家康《いえやす》が間違《まちが》っていると思《おも》ったら命懸《いのちが》けで諭《さと》してくれる家臣《かしん》たちである。

彼《かれ》らの力《ちから》を借《か》りて、自分《じぶん》はここまでやってきた。

だから、これからもそうすればいい。

なるべく人《ひと》の意見《いけん》を聞《き》き、多少《たしょう》の間違《まちが》いや失敗《しっぱい》は許《ゆる》し、得意《とくい》なことを見《み》つけてほめてやり、力《ちから》を出《だ》せる仕事《しごと》を選《えら》んで任《まか》せる。

書物《しょもつ》を読《よ》み、古《ふる》くからの決《き》まりを学《まな》び、それを今《いま》に生《い》かす。

上《うえ》に立《た》つ者《もの》の役目《やくめ》とは、結局《けっきょく》はそういうことなのではないか。

家康《いえやす》はそうして、何《なに》もない江戸《えど》を、たくさんの人々《ひとびと》とともに、少《すこ》しずつ少《すこ》しずつ、自分《じぶん》の理想《りそう》の国《くに》へと作《つく》り替《か》えていった。

その間《あいだ》に、秀吉《ひでよし》はついに、残《のこ》っていた奥州《おうしゅう》を制圧《せいあつ》する。

信長《のぶなが》が果《は》たせなかった天下統一《てんかとういつ》を、元《もと》は草履取《ぞうりと》りだった秀吉《ひでよし》が、とうとう成《な》し遂《と》げたのである。

長《なが》かった戦乱《せんらん》の世《よ》は終《お》わり、ついに日《ひ》の本《もと》に太平《たいへい》の時代《じだい》が訪《おとず》れた――はずだった。

だが、天正《てんしょう》十九年《ねん》（一五九一年《ねん》）九月《がつ》。突然《とつぜん》、秀吉《ひでよし》から発《はっ》せられたのは、隣国《りんごく》である朝鮮《ちょうせん》へ戦《いくさ》を仕掛《しか》けるという命令《めいれい》であった。

関白職《かんぱくしょく》を甥《おい》の秀次《ひでつぐ》に譲《ゆず》り、太閤《たいこう》と呼《よ》ばれるようになった秀吉《ひでよし》は、まるで何《なに》かに憑《つ》かれたかのように、この戦《いくさ》の準備《じゅんび》に没頭《ぼっとう》しはじめ――ついに十数万《すうまん》の大軍《たいぐん》を、海《うみ》の向《む》こうへと送《おく》りこんだのである。

2　秀吉《ひでよし》の最期《さいご》

慶長《けいちょう》三年《ねん》（一五九八年《ねん》）七月《がつ》。家康《いえやす》は、秀吉《ひでよし》の居城《きょじょう》・伏見城《ふしみじょう》に招《まね》かれた。この城《しろ》は、秀吉《ひで よし》が自分《じぶん》の隠居《いんきょ》後《ご》の住《す》まいとして築《きず》いたもので、京《きょう》の都《みやこ》のはずれにある。

ともに呼《よ》ばれた加賀《かが》の大大名《だいだいみょう》・前田利家《まえだとしいえ》とともに、美《うつく》しいふすま絵《え》に飾《かざ》られたこぢんまりとした寝室《しんしつ》に招《まね》き入《い》れられる。

そこには、錦《にしき》の綿《わた》入《い》れ布団《ぶとん》を敷《し》いて、秀吉《ひでよし》が横《よこ》たわっていた。

その、やせ衰《おとろ》えた顔《かお》を見《み》て、家康《いえやす》は衝撃《しょうげき》を受《う》ける。

それは、死《し》を目前《もくぜん》にした老人《ろうじん》の顔《かお》だった。

五月《がつ》に倒《たお》れて以来《いらい》、日《ひ》に日《ひ》に悪《わる》くなっていき、もう床《とこ》も上《あ》げられないとは聞《き》いていたが、ただでも小柄《こがら》な体《からだ》が布団《ふとん》の下《した》に、厚《あつ》みすらないように見《み》えた。

「又左《またざ》……徳川《とくがわ》どの……よう来《き》てくれた……」

震《ふる》える手《て》を上《あ》げて、秀吉《ひでよし》は前田利家《まえだとしいえ》と家康《いえやす》を近《ちか》くに招《まね》いた。「又左《またざ》」は利家《としいえ》の通称《つうしょう》である。

「わしは……もうすぐ死《し》ぬ」

秀吉《ひでよし》は、利家《としいえ》と家康《いえやす》の手《て》を代《か》わる代《が》わる握《にぎ》りしめた。

「どうか、くれぐれも、秀頼《ひでより》のことを頼《たの》む……頼《たの》む……」

秀頼《ひでより》、とは、五年前《ねんまえ》、秀吉《ひでよし》が五十七歳《さい》という高齢《こうれい》で授《さず》かった男児《だんじ》のことだ。秀吉《ひでよし》はまだ幼《おさな》いその息子《むすこ》をむりやり元服《げんぷく》させ、豊臣《とよとみ》の家督《かとく》を譲《ゆず》ると宣言《せんげん》していた。

「藤吉郎《とうきちろう》、わかっておる、わかっておるぞ」

利家《としいえ》は秀吉《ひでよし》の手《て》を取《と》り、若《わか》いころの名前《なまえ》を呼《よ》びながら、何度《なんど》もうなずいている。ふたりはずっと一緒《いっしょ》に織田信長《おだのぶなが》の下《もと》で戦《たたか》ってきた、仲《なか》のよい友人《ゆうじん》だった。

「徳川《とくがわ》どのも……どうか、どうか、秀頼《ひでより》を……」

「殿下《でんか》。お任《まか》せください」

家康《いえやす》もうなずいて、安心《あんしん》させるように微笑《ほほえ》んだが、その胸《むね》の奥《おく》に、どす黒《ぐろ》いものが浮《う》かびあがってくるのを止《と》められなかった。

この少《すこ》し前《まえ》、秀吉《ひでよし》は、自分《じぶん》の死後《しご》、家康《いえやす》と前田利家《まえだとしいえ》ほか三人《にん》の大大名《だいだいみょう》（五大老《ごたいろう》）と、自《じ》分《ぶん》の下《もと》で実務《じつむ》を担当《たんとう》していた五人《にん》の直臣《じきしん》（五奉行《ごぶぎょう》）が合議《ごうぎ》の上《うえ》で、幼少《ようしょう》の秀頼《ひでより》の代《か》わりに政治《せいじ》を行《おこな》うこと、という遺言書《ゆいごんしょ》を出《だ》していた。家康《いえやす》ももちろん、それに従《したが》うと約束《やくそく》してあるのだが。

（殿下《でんか》は——もはや、民《たみ》のことなどどうでもよいのか……）

朝鮮《ちょうせん》での戦《いくさ》はまだ続《つづ》いている。最初《さいしょ》こそ勝《か》ち進《すす》んだものの、地《ち》の利《り》を知《し》る朝鮮軍《ちょうせんぐん》と、明《みん》（中国《ちゅうごく》）からの援軍《えんぐん》の反撃《はんげき》にあい、戦況《せんきょう》は泥沼《どろぬま》と化《か》していた。

異国《いこく》の慣《な》れぬ水《みず》、食《た》べ物《もの》、何年《なんねん》にもわたる長《なが》い戦《たたか》いに兵《へい》たちは疲《つか》れ、病《やまい》がはびこり、名《な》のある将《しょう》たちまでがばたばたと倒《たお》れていった。

海《うみ》の向《む》こうの兵《へい》たちも、国内《こくない》の民《たみ》も苦《くる》しんでいる。それなのに、秀吉《ひでよし》の口《くち》からはついに、それについては一言《ひとこと》も語《かた》られなかった。

重《おも》い足取《あしど》りで、家康《いえやす》は秀吉《ひでよし》の寝室《しんしつ》を辞《じ》した。

年《とし》を取《と》ってから生《う》まれた子《こ》どもが可愛《かわい》いのは、家康《いえやす》にもよくわかる。まして秀吉《ひでよし》は、秀《ひで》頼《より》の前《まえ》に生《う》まれていた男児《だんじ》・鶴松《つるまつ》を、わずか三歳《さい》で失《うしな》っている。その悲《かな》しみのために、朝《ちょう》鮮出兵《せんしゅっぺい》にのめりこんだのではないかという噂《うわさ》すら出《で》るほどだった。

（もう自分《じぶん》には子《こ》どもは生《う》まれないだろうとあきらめておられたところへ、秀頼《ひでより》さまを授《さず》かった。それがどれほど嬉《うれ》しいことだったかはお察《さっ》しするのだが、しかし、だからと言《い》って、あの秀次《ひでつぐ》さまへのなさりようはいかにもまずかった……）

秀頼《ひでより》を溺愛《できあい》する秀吉《ひでよし》を見《み》て、自分《じぶん》の立場《たちば》を危《あや》ぶみはじめた甥《おい》の関白秀次《かんぱくひでつぐ》は、そのせいで余計《よけい》に秀吉《ひでよし》の怒《いか》りを買《か》い、さまざまな行《い》き違《ちが》いや誤解《ごかい》の果《は》てに、ついに切腹《せっぷく》させられてしまったのだ。

そのいきさつは、家康《いえやす》に、かつて自分《じぶん》が死《し》に追《お》いやった長男《ちょうなん》・信康《のぶやす》のことを思《おも》いださせずにはおかなかった。だからこそ、腹《はら》が立《た》って腹《はら》が立《た》って仕方《しかた》がないのだ。

（あのころ、わしは小《ちい》さな領地《りょうち》を守《まも》るのが精一杯《せいいっぱい》の若造《わかぞう》だった。武田《たけだ》と織田《おだ》の間《あいだ》で悩《なや》み、ああするしか出来《でき》なかった。だが、もし今《いま》なら、きっと救《すく》ってやれる道《みち》があったと思《おも》う）

しかも、秀吉《ひでよし》は、秀次《ひでつぐ》の数多《かずおお》い側室《そくしつ》や子《こ》どもたち、身近《みぢか》に仕《つか》えていた侍女《じじょ》たちまでも、ひとり残《のこ》らず殺《ころ》してしまったのだ。その中《なか》には、つい先日側室《せんじつそくしつ》に上《あ》がることが決《き》まったばかりで、秀次《ひでつぐ》と一度《いちど》も会《あ》ってすらいない姫《ひめ》もいた。

三十人《にん》ちかい女子《おんなこ》どもが次々《つぎつぎ》に切《き》り捨《す》てられていくさまは、処刑人《しょけいにん》たちですら目《め》を背《そむ》けるような痛《いた》ましさであったという。

（殿下《でんか》はただ実《じつ》の息子可愛《むすこかわい》さに目《め》がくらんだ老人《ろうじん》として死《し》んでゆかれる……潮《しお》が引《ひ》くように、みなの心《こころ》が殿下《でんか》から離《はな》れていくのがわかる……）

それは家康《いえやす》の心《こころ》も同《おな》じだった。

秀頼《ひでより》は幼《おさな》すぎる。実際《じっさい》に政《まつりごと》に関《かか》われるようになるまで、あと十年《ねん》はかかるだろう。

（五大老《ごたいろう》のうち、前田利家《まえだとしいえ》どのと宇喜多秀家《うきたひでいえ》どのは殿下《でんか》の盟友《めいゆう》だが、わしと、毛利輝元《もうりてるもと》どの、上杉景勝《うえすぎかげかつ》どのは、ついこの間《あいだ》まで互《たが》いに戦《たたか》ってきた間柄《あいだがら》じゃ。話《はな》し合《あ》って意見《いけん》をまとめるのは難《むずか》しすぎる。そもそも今《いま》までの豊臣《とよとみ》の治世《ちせい》は、殿下《でんか》おひとりの裁量《さいりょう》ですべてが決《き》まるしくみになっていた。朝鮮《ちょうせん》への出兵《しゅっぺい》を誰《だれ》も止《と》められなかったのはそのせいだ。そのあとに付《つ》け焼《や》き刃《ば》の合議制《ごうぎせい》など上手《うま》くいくはずがない……）

何度《なんど》もため息《いき》をつきながら、家康《いえやす》は伏見城《ふしみじょう》を後《あと》にした。

太閤秀吉《たいこうひでよし》が死《し》んだのは、それからひと月《つき》あまり後《あと》のことだった。最期《さいご》まで、ただ、秀頼《ひでより》、秀頼《ひでより》、とつぶやき続《つづ》けていたという。

3　石田三成《いしだみつなり》

秀吉《ひでよし》が死《し》ぬと、家康《いえやす》と利家《としいえ》はすぐに朝鮮《ちょうせん》からの兵《へい》の撤退《てったい》を命《めい》じた。これについては誰《だれ》も反対《はんたい》する者《もの》はなく、五奉行筆頭《ごぶぎょうひっとう》の石田三成《いしだみつなり》が肥前《ひぜん》（佐賀県《さがけん》）まで出《で》向《む》いて差配《さはい》に当《あ》たった。

だが、朝鮮《ちょうせん》での過酷《かこく》な戦《いくさ》に耐《た》えて戻《もど》った諸将《しょしょう》に突《つ》きつけられたのは、辛《つら》すぎる現実《げんじつ》だった。

秀吉《ひでよし》の死《し》。実際《じっさい》に血《ち》を流《なが》した自分《じぶん》たちを差《さ》し置《お》いて権力《けんりょく》を握《にぎ》っている三成《みつなり》。期待《きたい》していた恩賞《おんしょう》もごくわずか。ねぎらいの言葉《ことば》すらかけられない。

三成《みつなり》はてきぱきと仕事《しごと》を進《すす》めていったが、それがかえって悪《わる》かった。

もともと三成《みつなり》は、低《ひく》い身分《みぶん》から秀吉《ひでよし》に取《と》り立《た》てられた男《おとこ》で、頭《あたま》がよく仕事《しごと》は出来《でき》たが、真面目《まじめ》すぎて融通《ゆうずう》がきかないため、多《おお》くの人《ひと》から煙《けむ》たがられていた。それがなぜあれほど偉《えら》そうにしているのだ、なんの苦労《くろう》もしていないくせに、と思《おも》われたのである。

中《なか》でも、秀吉《ひでよし》に息子《むすこ》同然《どうぜん》に可愛《かわい》がられていた武将《ぶしょう》・加藤清正《かとうきよまさ》らは、以前《いぜん》から石田三成《いしだみつなり》とそりが合《あ》わなかったこともあり、みるみるうちに関係《かんけい》が悪化《あっか》していった。

＊

「三成《みつなり》はいかんな。あれは殿下《でんか》の下《した》で働《はたら》いている時《とき》は本当《ほんとう》に役《やく》に立《た》つ男《おとこ》だったが、人《ひと》の上《うえ》に立《た》つのは向《む》いておらぬ」

京《きょう》の郊外《こうがい》で、家康《いえやす》は鷹《たか》狩《が》りをしていた。

供回《ともまわ》りはわずかな人数《にんずう》。身《み》なりも質素《しっそ》で、遠目《とおめ》には誰《だれ》も、それが五大老筆頭《ごたいろうひっとう》の大大名《だいだいみょう》・徳川家康《とくがわいえやす》の一行《いっこう》だとは思《おも》うまい。

家康《いえやす》のかたわらには、杖《つえ》をつきながら歩《ある》く本多正信《ほんだまさのぶ》と、男物《おとこもの》の袴《はかま》をはいて髪《かみ》を巻《ま》きあげた阿茶《あちゃ》の局《つぼね》がいる。

秀吉《ひでよし》の妹《いもうと》の朝日姫《あさひひめ》も、優《やさ》しいお愛《あい》の方《かた》ももう亡《な》くなった。阿茶《あちゃ》は家康《いえやす》の子《こ》を産《う》まなかったが、その賢《かしこ》さと気配《きくば》りで、今《いま》や正室同然《せいしつどうぜん》の扱《あつか》いを受《う》けている。家康《いえやす》は、まだ公《おおやけ》に出来《でき》ない相談事《そうだんごと》は、正信《まさのぶ》と阿茶《あちゃ》にだけ打《う》ち明《あ》けて意見《いけん》を聞《き》くことにしていた。

「そろそろ、腹《はら》が立《た》ってまいりましたか。わしならもっと上手《うま》くやれると思《おも》っておいででしょう?」

正信《まさのぶ》は、にんまりと笑《わら》った。家康《いえやす》も苦笑《くしょう》したが、やがて真顔《まがお》になった。

「豊臣《とよとみ》の治世《ちせい》は、太閤殿下《たいこうでんか》という希代《きたい》の存在《そんざい》があってのものだった。そのやり方《かた》をそのまま受《う》け継《つ》ぐことは他《ほか》の誰《だれ》にも出来《でき》ぬ。三成《みつなり》などもってのほか。わしにも、おそらくは秀頼《ひでより》ぎみにもな。もしもわしが天下《てんか》の差配《さはい》を任《まか》されるなら、もっと別《べつ》のやり方《かた》をするだろう。そもそも、ひとりが死《し》んだだけで世《よ》の中《なか》がぐらぐらとするようではいかんのだ……」

今川義元《いまがわよしもと》に育《そだ》てられ、信長《のぶなが》、秀吉《ひでよし》というふたりの天才《てんさい》の天下取《てんかと》りを間近《まぢか》で見《み》、武田《たけだ》や北条《ほう》という良将《りょうしょう》の領国《りょうごく》を継《つ》いでそのやり方《かた》をひとつひとつ学《まな》んできた家康《いえやす》には、次第《しだい》にはっきりと、自分《じぶん》が造《つく》りたいと思《おも》う国《くに》の形《かたち》が見《み》えてきている。

「この戦国《せんごく》の世《よ》はこれまで、戦《いくさ》に勝《か》った者《もの》が負《ま》けた者《もの》の領地《りょうち》を得《え》ることで成《な》り立《た》ってきた。戦《いくさ》がなくなってしまえば、もはやそのやり方《かた》は通《つう》じない……」

「だから太閤殿下《たいこうでんか》は、朝鮮攻《ちょうせんぜ》めという無理《むり》な戦《いくさ》を作《つく》りださねばならなかったのですね。家《か》臣《しん》たちに与《あた》える新《あたら》しい領土《りょうど》がないから……」

阿茶《あちゃ》が沈《しず》んだ声《こえ》で言《い》う。

「そのとおり。だがもう、そのやり方《かた》ではだめなのじゃ」

江戸《えど》の町《まち》を作《つく》りながら、家康《いえやす》はずっと、別《べつ》のしくみを考《かんが》え続《つづ》けていた。

「わしももう五十八になる。残《のこ》された時間《じかん》もそう多《おお》くもないであろうな」

強《つよ》い風《かぜ》が草原《そうげん》を吹《ふ》きわたる。遠《とお》くでキジの声《こえ》が高《たか》く聞《き》こえた。

正信《まさのぶ》が、若《わか》い鷹匠《たかじょう》に目配《めくば》せした。御前《ごぜん》に初《はじ》めて出《で》る若者《わかもの》は、緊張《きんちょう》した面持《おもも》ちで鷹《たか》を籠《かご》から取《と》りだし、うやうやしく家康《いえやす》の腕《うで》に載《の》せる。

鷹《たか》を据《す》えながら、家康《いえやす》は静《しず》かに歩《ある》きだす。一歩一歩《いっぽいっぽ》、獲物《えもの》の潜《ひそ》む方《ほう》へと。

「いけ」

かすかにつぶやき、腕《うで》を振《ふ》り抜《ぬ》く。

鷹《たか》は大《おお》きな翼《つばさ》を広《ひろ》げて草原低《そうげんひく》くをなめるように飛《と》んでいき、飛《と》び立《た》ったキジをそのするどい爪《つめ》で見事《みごと》に捕《と》らえた。

「ようやった！」

家康《いえやす》は笑《わら》う。その顔《かお》を見《み》て、正信《まさのぶ》も笑《わら》った。

「ようやく、お心《こころ》が決《き》まったようでございますな」

家康《いえやす》はしばらく沈黙《ちんもく》し――そして、ゆっくりとうなずいた。

「わしは――天下《てんか》を取《と》る。多少強引《たしょうごういん》なことをしてでも、わしがすべてを一度《いちど》まとめあげ、この国《くに》を作《つく》り替《か》える。わしにはそれが出来《でき》る。出来《でき》るのならばやらねばならぬ」

言《い》いながら、家康《いえやす》は草原《そうげん》に歩《あゆ》み入《い》る。

草地《くさち》の上《うえ》に、鷹《たか》が美《うつく》しい雄《おす》のキジを押《お》さえつけているのが見《み》えた。

「この正信《まさのぶ》、家康《いえやす》さまのためならば、どのような汚名《おめい》でも引《ひ》き受《う》けましょう。卑怯者《ひきょうもの》よとそしられましょうとも、それがいずれは万民《ばんみん》のためになると信《しん》じておりまする」

「わたくしも。殿《との》ならきっと、世《よ》の中《なか》を変《か》えられますでしょう」

そう言《い》って深々《ふかぶか》と頭《あたま》を下《さ》げるふたりに、家康《いえやす》は振《ふ》り返《かえ》って、静《しず》かにうなずきかけた。


秀吉《ひでよし》の後《あと》を追《お》うように前田利家《まえだとしいえ》が亡《な》くなると、もはや家康《いえやす》を止《と》められる者《もの》は誰《だれ》もいなくなった。

秀吉《ひでよし》の遺言《ゆいごん》の曖昧《あいまい》な部分《ぶぶん》をついて、少《すこ》しずつ権力《けんりょく》を集《あつ》めていく家康《いえやす》のようすに、もっとも激怒《げきど》したのは、もちろん石田三成《いしだみつなり》である。

だが、朝鮮出兵《ちょうせんしゅっぺい》の後始末《あとしまつ》で諸将《しょしょう》の恨《うら》みを買《か》いすぎた三成《みつなり》は、ついに加藤清正《かとうきよまさ》らに襲《おそ》われ、命《いのち》を狙《ねら》われる。

このことで、三成《みつなり》は〈五奉行《ごぶぎょう》〉の任《にん》を解《と》かれ、領地《りょうち》である近江佐和山城《おうみさわやまじょう》（滋賀県彦根市《しがけんひこねし》）で謹慎《きんしん》することになってしまった。

これによって、事実上《じじつじょう》、五大老五奉行《ごたいろうごぶぎょう》の制度《せいど》は崩壊《ほうかい》したのである。

そして家康《いえやす》は、自身《じしん》の大軍勢《だいぐんぜい》――彼《かれ》のためなら命《いのち》も投《な》げだす、三河以来《みかわいらい》の家臣団《かしんだん》を引《ひ》きつれ、大坂城《おおさかじょう》へと入《はい》った。

秀頼《ひでより》を補佐《ほさ》して政《まつりごと》を行《おこな》う、という名目《めいもく》で大坂城西《おおさかじょうにし》の丸《まる》に居《きょ》を構《かま》え、天下《てんか》の差配《さはい》を手《て》に入《い》れたのである。

4　関ケ原《せきがはら》

慶長《けいちょう》五年《ねん》（一六〇〇年《ねん》）の春《はる》。

家康《いえやす》は、大坂城《おおさかじょう》の西《にし》の丸《まる》に徳川《とくがわ》の重臣《じゅうしん》たちを集《あつ》めて、重々《おもおも》しく告《つ》げた。

「会津《あいづ》の上杉《うえすぎ》を攻《せ》める」

上杉景勝《うえすぎかげかつ》は、元《もと》の五大老《ごたいろう》のひとりである。

大老《たいろう》としての仕事《しごと》がなくなったので国元《くにもと》へ帰《かえ》っていたが、そこで、傭兵《ようへい》を集《あつ》めたり城《しろ》の修繕《しゅうぜん》をしたりしているという。家康《いえやす》は、上洛《じょうらく》して釈明《しゃくめい》せよとの命令《めいれい》を出《だ》すが、それに対《たい》して、嫌《いや》みなほど理路整然《りろせいぜん》と反論《はんろん》した書状《しょじょう》を送《おく》り返《かえ》してきたのだ。

「殿《との》らしくもない。こんな書状《しょじょう》ひとつでことを起《お》こされてはなりませぬ。酒井忠次《さかいただつぐ》どのが生《い》きておられたら、きっとそう言《い》われるはずですぞ」

榊原康政《さかきばらやすまさ》が身《み》を乗《の》りだす。酒井忠次《さかいただつぐ》は先年《せんねん》、病《やまい》で亡《な》くなっていた。

「殿《との》は、小牧《こまき》・長久手《ながくて》のおりのことをお忘《わす》れですか。それがしの書《か》いた文書《ぶんしょ》に釣《つ》られて出《で》てきた太閤殿下《たいこうでんか》のことを、ともにあれほど笑《わら》ったではありませぬか」

「わかっておるわ。まあ、この書状《しょじょう》は確《たし》かにちと正論《せいろん》すぎて耳《みみ》が痛《いた》かったが」

家康《いえやす》は苦笑《にがわら》いをする。

「だが、ここにあるように、わしのやり方《かた》が強引《ごういん》で利己的《りこてき》すぎると思《おも》っておるものは他《ほか》にもおるだろう。その筆頭《ひっとう》はむろん、佐和山《さわやま》の石田三成《いしだみつなり》だ」

「わかっておられるならなぜです。三成《みつなり》は表向《おもてむ》きはおとなしくしておりますが、裏《うら》では上《うえ》杉《すぎ》や毛利《もうり》と謀《はか》って殿《との》を追《お》い落《お》とそうと動《うご》いておるとの話《はなし》は、あちこちから耳《みみ》に入《はい》っております」

井伊直政《いいなおまさ》も言《い》う。

「この書状《しょじょう》も、殿《との》を怒《おこ》らせて腰《こし》を上《あ》げさせ、失策《しっさく》を誘《さそ》おうとの腹《はら》でございましょう。みすみすそれに乗《の》られてどうするのです」

「だからこそあえて行《い》くのだ。わからぬか」

家康《いえやす》はきっぱりと言《い》った。

「これまでこの国《くに》は、なにごとも戦《いくさ》、戦《いくさ》でものごとを決《き》めてきた。太閤殿下《たいこうでんか》が亡《な》くなって、人々《ひとびと》はまた思《おも》いはじめたのだ。『今《いま》、一番強《いちばんつよ》いのは誰《だれ》なのか』と」

あちこちから息《いき》をのむ音《おと》が聞《き》こえた。

「わしはこれまで、太閤殿下《たいこうでんか》の作《つく》られたしくみを壊《こわ》さぬまま、どうにか天下《てんか》をわしの手《て》で動《うご》かせぬかと探《さぐ》ってきた。だが、それはやはり無理《むり》なことのようだ。だからわしは、あえて策《さく》に乗《の》る。わしと秀忠《ひでただ》で、総勢《そうぜい》十万《まん》を率《ひき》いて攻《せ》め上《のぼ》る」

秀忠《ひでただ》は、お愛《あい》の方《かた》が産《う》んだ家康《いえやす》の三男《なん》である。この時《とき》すでに二十二歳《さい》で、手元《てもと》に残《のこ》っている家康《いえやす》の子《こ》どもたちの中《なか》ではもっとも年長《ねんちょう》であった。

「なんと、秀忠《ひでただ》さまもですか。それでは大坂《おおさか》が空《から》になります」

言《い》いかけた本多忠勝《ほんだただかつ》が、ハッと息《いき》をのんだ。

「――殿《との》は、そうして三成《みつなり》の決起《けっき》を誘《さそ》うおつもりか。最大《さいだい》の好機《こうき》と見《み》せかけて、誰《だれ》が三成《みつなり》につくのか、はっきりさせようと？」

「そうだ」

家康《いえやす》はうなずく。

「結局《けっきょく》のところ、殿下《でんか》が残《のこ》したさまざまな歪《ゆが》みや恨《うら》みは、一度戦《いちどいくさ》で白黒《しろくろ》はっきりさせねばおさまらぬ。わしにつくか、三成《みつなり》につくか。すべての大名《だいみょう》たちに選《えら》ばせるのだ。わしがもっとも強《つよ》いのだと。わしに任《まか》せるのがもっとも正《ただ》しいのだと。それを形《かたち》にして示《しめ》すのだ」

そう言《い》って、家臣《かしん》たちのひとりひとりを、ゆっくりと見回《みまわ》した。

「三河《みかわ》の片隅《かたすみ》の、なんの力《ちから》もない小《こ》せがれだったこのわしに、そなたらはよう仕《つか》えてくれた。わしをここまで押《お》し上《あ》げたのは、他《ほか》でもないそなたらじゃ。どうかもうしばらく、わしとともに戦《たたか》ってくれ」

「強《つよ》うなられましたな、殿《との》」

本多忠勝《ほんだただかつ》は笑《わら》った。

「泣《な》き顔《がお》で〝切腹《せっぷく》する〟と言《い》われていたころのことが、昨日《きのう》のようでございますのになあ」

「それを言《い》うでない！　若《わか》い家臣《かしん》の手前《てまえ》、恥《は》ずかしいであろうが！」

家康《いえやす》が顔《かお》をしかめると、忠勝《ただかつ》も、直政《なおまさ》も、康政《やすまさ》も、声《こえ》を上《あ》げて笑《わら》った。

＊

九月《がつ》十五日《にち》（今《いま》の暦《こよみ》では十月《がつ》二十一日《にち》）、早朝《そうちょう》。

夜通《よどお》し降《ふ》っていた雨《あめ》がようやく止《や》んだが、冬《ふゆ》の始《はじ》まりを感《かん》じさせる空気《くうき》は冷《つめ》たい。

はるか昔《むかし》より「不破関《ふわのせき》」と呼《よ》ばれ、西《にし》と東《ひがし》を分《わ》ける関所《せきしょ》が置《お》かれた土地《とち》――関ヶ原《せきがはら》。

わずか一里《り》（約《やく》四キロメートル）四方《ほう》にも満《み》たない狭《せま》い盆地《ぼんち》の中《なか》で、今《いま》、十数万《すうまん》の兵《へい》たちがにらみ合《あ》っている。だが、あたりはまだ霧《きり》に沈《しず》み、何《なに》も見通《みとお》せなかった。

家康《いえやす》が、上方《かみがた》を出《で》るやいなや、やはり石田三成《いしだみつなり》は動《うご》いた。

五大老《ごたいろう》のひとりだった毛利輝元《もうりてるもと》を総大将《そうだいしょう》としてかつぎだし、大坂城《おおさかじょう》を押《お》さえると、家康《いえやす》の家臣《かしん》たちが守《まも》る伏見城《ふしみじょう》を攻撃《こうげき》。毛利《もうり》の軍師《ぐんし》として名高《なだか》い安国寺恵瓊《あんこくじえけい》とともに、逆賊家康《ぎゃくぞくいえやす》を討《う》つべしと呼《よ》びかけたのだ。

家康《いえやす》は、下野国小山《しもつけのくにおやま》（栃木県小山市《とちぎけんおやまし》）でその知《し》らせを受《う》けると、すぐに軍勢《ぐんぜい》を反転《はんてん》させ、西《にし》へと戻《もど》ることを決《き》める。上杉討伐軍《うえすぎとうばつぐん》に加《くわ》わっていた他《ほか》の大名《だいみょう》たちも、そのまま家康《いえやす》につくと約束《やくそく》してくれた。また、家康《いえやす》は、本多忠勝《ほんだただかつ》や井伊直政《いいなおまさ》らと手分《てわ》けして、道中《どうちゅう》で百通以《ひゃくつうい》上《じょう》の書状《しょじょう》を書《か》き、各所《かくしょ》へと送《おく》りとどけた。

三成《みつなり》についたのは、主《おも》に西国《さいこく》の大名《だいみょう》たち――総大将《そうだいしょう》の毛利《もうり》をはじめ、四国《しこく》の長宗我部《ちょうそかべ》、九州《きゅうしゅう》の島津《しまづ》らだったため、のちに「西軍《せいぐん》」と呼《よ》ばれるようになる。

それに対《たい》して、家康軍《いえやすぐん》は「東軍《とうぐん》」と呼《よ》ばれた。

西軍総勢《せいぐんそうぜい》八万数千《まんすうせん》。東軍《とうぐん》は七万《まん》あまり。

日本中《にほんじゅう》の大名《だいみょう》を巻《ま》きこんだ「天下分《てんかわ》け目《め》の決戦《けっせん》」が、始《はじ》まろうとしていた。

使番《つかいばん》や物見《ものみ》の兵《へい》がひっきりなしに出入《でい》りし、敵味方《てきみかた》の陣営《じんえい》のようすを告《つ》げてくる。家康《いえやす》は、三《み》つ葉葵《ばあおい》の紋《もん》と「厭離穢土欣求浄土《おんりえどごんぐじょうど》」の旗《はた》を押《お》し立《た》てた本陣《ほんじん》の中《なか》で、爪《つめ》をかんでいた。

「秀忠《ひでただ》はまだ来《こ》ぬのか！」

いらいらとしながら叫《さけ》ぶ。息子《むすこ》の秀忠《ひでただ》は、榊原康政《さかきばらやすまさ》、本多正信《ほんだまさのぶ》とともに、三万八千《まんせん》の別働隊《べつどうたい》を率《ひき》いて、宇都宮《うつのみや》から中山道《なかせんどう》を通《とお》り、信濃《しなの》を横切《よこぎ》って、こちらへ向《む》かっているはずだった。

「信州上田《しんしゅううえだ》（長野県上田市《ながのけんうえだし》）の真田《さなだ》に手《て》こずっておられるもようです」

家臣《かしん》の言葉《ことば》に、家康《いえやす》は舌打《したう》ちをする。

信州《しんしゅう》の真田昌幸《さなだまさゆき》は、かつては武田《たけだ》に仕《つか》えていた国衆《くにしゅう》だった。「信玄《しんげん》の目《め》」とも言《い》われた昌幸《まさゆき》は、特《とく》に知略《ちりゃく》に優《すぐ》れ、武田《たけだ》が倒《たお》れたあとは、織田《おだ》、上杉《うえすぎ》、北条《ほうじょう》、豊臣《とよとみ》と、主《あるじ》を変《か》え駆《か》け引《ひ》きをしながら自分《じぶん》の領土《りょうど》を守《まも》った、一筋縄《ひとすじなわ》ではいかぬ猛将《もうしょう》である。家康《いえやす》も、何度《なんど》も煮《に》え湯《ゆ》を飲《の》まされてきた。

「昌幸《まさゆき》め、太閤殿下《たいこうでんか》の命令《めいれい》でしぶしぶわしに従《したが》っておったが、三成《みつなり》にそそのかされて本性《ほんしょう》を出《だ》しよったな……秀忠《ひでただ》のやつ、おそらく挑発《ちょうはつ》に乗《の》って上田城《うえだじょう》に手《て》を出《だ》してしまったのだろう。康政《やすまさ》と正信《まさのぶ》がついていながら、何《なに》をしておるのだ」

家康《いえやす》が率《ひき》いている徳川本隊《とくがわほんたい》はおよそ三万《まん》。数《かず》で言《い》うなら秀忠《ひでただ》の方《ほう》が多《おお》い。

かみすぎた親指《おやゆび》の爪《つめ》から血《ち》がにじむ。ここまで深爪《ふかづめ》をしたのはもう何年《なんねん》ぶりだろう。

（……仕方《しかた》ない。もうあれはあてにせぬ）

信康《のぶやす》が生《い》きていたら、という思《おも》いが、家康《いえやす》の胸《むね》をしめつけた。奇《く》しくも今日《きょう》、九月《がつ》十五日《にち》は、信康《のぶやす》の命日《めいにち》にあたる。

この日《ひ》に決戦《けっせん》となったのは、なにかの運命《うんめい》なのかもしれない。

厚《あつ》い雲《くも》の向《む》こうで日《ひ》が昇《のぼ》り、少《すこ》しずつ霧《きり》が晴《は》れはじめた。

ここからは定《さだ》かに見《み》えないが、前方《ぜんぽう》には東軍《とうぐん》の将《しょう》たちの陣《じん》が広《ひろ》がっているはずだ。

それらと向《む》かい合《あ》う形《かたち》で、西軍《せいぐん》の将《しょう》たちも布陣《ふじん》している。

関ヶ原《せきがはら》に着《つ》いたのは西軍《せいぐん》の方《ほう》が早《はや》かった。有利《ゆうり》な高台《たかだい》はすべて西軍《せいぐん》に押《お》さえられている。中《なか》でも、三成《みつなり》は、盆地《ぼんち》を一望《いちぼう》出来《でき》る笹尾山《ささおやま》に陣《じん》を張《は》っていると聞《き》く。

「数《かず》でも勝《まさ》り、布陣《ふじん》も有利《ゆうり》。秀忠《ひでただ》の軍《ぐん》を足止《あしど》めし、もはや勝《か》ったと思《おも》っておるなら、それは甘《あま》いぞ、三成《みつなり》よ」

何《なに》よりも――戦《いくさ》は生《い》き物《もの》。始《はじ》まってみないとわからぬものよ。

「その若《わか》さで、短《みじか》い間《あいだ》にこの大軍《たいぐん》を集《あつ》めきったことはあっぱれじゃ。そなたにはそなたの大義《たいぎ》があろう。だが、そなたの目《め》にはいかに悪逆無道《あくぎゃくむどう》に映《うつ》ろうとも、わしにはわしの大義《たいぎ》があるのじゃ」

互《たが》いの大義《たいぎ》がぶつかった時《とき》、今《いま》は戦《いくさ》で雌雄《しゆう》を決《けっ》するしかない。かつて小牧《こまき》・長久手《ながくて》で、秀吉《ひでよし》と家康《いえやす》もそうしたように。

「戦《いくさ》に勝《か》ったあと、そなたはこの日《ひ》の本《もと》をどうしたい。秀頼《ひでより》さまへの忠義《ちゅうぎ》だけでは、人《ひと》は動《うご》かせぬぞ」

風《かぜ》が吹《ふ》き、霧《きり》が払《はら》われる。

各陣《かくじん》の幟旗《のぼりばた》がようやくはっきりと見《み》えはじめたのを合図《あいず》に、前方《ぜんぽう》から銃声《じゅうせい》がとどろいた。

「井伊直政《いいなおまさ》か。抜《ぬ》け駆《が》けしよったな」

直政《なおまさ》は、信康《のぶやす》の代《か》わりに家康《いえやす》に活《かつ》を入《い》れてくれたのかもしれない。

家康《いえやす》はにんまりと笑《わら》って、ゆっくりと床机《しょうぎ》から立《た》ち上《あ》がった。手《て》にした采配《さいはい》を高々《たかだか》と掲《かか》げる。

「開戦《かいせん》じゃ！」

同時《どうじ》にホラ貝《がい》が吹《ふ》き鳴《な》らされ、あちこちから狼煙《のろし》が上《あ》がる。

山鳴《やまな》りのように、兵《へい》たちの雄叫《おたけ》びが空気《くうき》を震《ふる》わせた。

戦況《せんきょう》は最初《さいしょ》、西軍《せいぐん》に有利《ゆうり》だった。

ずらりと横並《よこなら》びに押《お》しだした東軍《とうぐん》の各部隊《かくぶたい》は、高地《こうち》に陣取《じんど》った西軍《せいぐん》の各陣《かくじん》に突撃《とつげき》を仕掛《しか》けるが、高台《たかだい》から撃《う》ちかけられる鉄砲《てっぽう》に阻《はば》まれ突破《とっぱ》することが出来《でき》ない。

雨上《あめあ》がりのぬかるみの中《なか》、未《いま》だ漂《ただよ》う霧《きり》にも阻《はば》まれ、各陣《かくじん》の連携《れんけい》も整《ととの》わず、無様《ぶざま》な乱戦《らんせん》となって、家康《いえやす》は苛立《いらだ》つ。

家康《いえやす》の陣《じん》の左手《ひだりて》にそびえる南宮山《なんぐうざん》の山頂《さんちょう》にも、西軍《せいぐん》の毛利勢《もうりぜい》が陣《じん》を張《は》っている。それらに対応《たいおう》するため、一万《まん》あまりの兵《へい》を背後《はいご》に配置《はいち》していたが、そこが破《やぶ》られ後《うし》ろから攻撃《こうげき》されれば、挟《はさ》み撃《う》ちにされて絶体絶命《ぜったいぜつめい》だ。

だが、家康《いえやす》は、毛利《もうり》が動《うご》かない方《ほう》に賭《か》けた。

西軍《せいぐん》の大将《たいしょう》に担《かつ》ぎだされた毛利《もうり》だが、その家中《かちゅう》は一枚岩《いちまいいわ》ではない。家康《いえやす》はそれを利用《りよう》して、軍《ぐん》を動《うご》かさなければ毛利《もうり》の所領《しょりょう》は安堵《あんど》するとの約束《やくそく》を、毛利一族《もうりいちぞく》の吉川広家《きっかわひろいえ》と取《と》り交《か》わしていた。

もっとも東軍《とうぐん》に近《ちか》い麓《ふもと》に大軍《たいぐん》で布陣《ふじん》している広家《ひろいえ》が動《うご》かなければ、山頂《さんちょう》の毛利軍《もうりぐん》も、その向《む》こうに陣《じん》を張《は》る他《ほか》の大名《だいみょう》も動《うご》けない。

「後方《こうほう》の隊《たい》を前線《ぜんせん》へ回《まわ》せ！　本陣《ほんじん》も前方《ぜんぽう》へ押《お》しだす！」

家康《いえやす》は采配《さいはい》を振《ふ》る。背後《はいご》に陣取《じんど》っていた三千《ぜん》あまりの兵《へい》らが、本陣《ほんじん》の右手《みぎて》を怒濤《どとう》のごとく駆《か》け抜《ぬ》けていくのを見送《みおく》ってから、家康率《いえやすひき》いる三万《まん》の本隊《ほんたい》も、雄叫《おたけ》びを上《あ》げながら前進《ぜんしん》を始《はじ》めた。

「申《もう》し上《あ》げます！　松平《まつだいら》・井伊隊《いいたい》、宇喜多隊《うきたたい》と交戦中《こうせんちゅう》！　押《お》しております！」

「敵方島津隊《てきがたしまづたい》が動《うご》いていないとの報《ほう》あり！」

「細川隊《ほそかわたい》、黒田隊《くろだたい》、加藤隊《かとうたい》ほか、笹尾山《ささおやま》の石田陣《いしだじん》を囲《かこ》んでおります！」

「本多忠勝隊猛攻《ほんだただかつたいもうこう》！　敵陣深《てきじんふか》く斬《き》りこみ、あまた首級《しゅきゅう》をあげております！」

使番《つかいばん》の報告《ほうこく》が次々《つぎつぎ》に届《とど》く。

じりじりと押《お》しはじめてはいるが、まだ決《き》め手《て》にかける。

「石田《いしだ》の陣《じん》から狼煙《のろし》が上《あ》がりました！　総攻撃《そうこうげき》の命令《めいれい》かと思《おも》われます！」

家康《いえやす》は、左手前方《ひだりてぜんぽう》にそびえる松尾山《まつおやま》を見上《みあ》げた。

「小早川《こばやかわ》はどうした！　まだ動《うご》かぬのか！」

松尾山山頂《まつおやまさんちょう》の砦《とりで》に陣《じん》を張《は》っている西軍《せいぐん》の小早川秀秋《こばやかわひであき》は、元々《もともと》は太閤秀吉《たいこうひでよし》の正室《せいしつ》であるねねの甥《おい》だった。子《こ》どものいなかった秀吉《ひでよし》の養子《ようし》となり、一時《いちじ》は跡継《あとつ》ぎの候補《こうほ》となったこともある男《おとこ》だ。

だが、関白《かんぱく》を秀次《ひでつぐ》が継《つ》ぐと、毛利一族《もうりいちぞく》の小早川家《こばやかわけ》に養子《ようし》に出《だ》された上《うえ》、秀次処刑《ひでつぐしょけい》の巻《ま》き添《ぞ》えで領地《りょうち》を没収《ぼっしゅう》されたり、朝鮮出兵《ちょうせんしゅっぺい》でも正当《せいとう》な評価《ひょうか》をされなかったことから、豊臣家《とよとみけ》に対《たい》しては複雑《ふくざつ》な思《おも》いを抱《かか》えていた。

一族《いちぞく》の当主《とうしゅ》である毛利輝元《もうりてるもと》が西軍大将《せいぐんたいしょう》になったことと、石田三成《いしだみつなり》から、秀頼成人《ひでよりせいじん》までの間《あいだ》の関白就任《かんぱくしゅうにん》を打診《だしん》されたこともあり、一応《いちおう》は西軍《せいぐん》として出兵《しゅっぺい》してきてはいる。だが、前々《まえまえ》から家康《いえやす》の働《はたら》きかけに応《おう》じて、寝返《ねがえ》ることを約束《やくそく》していたのだ。

「ええい！　あの小心者《しょうしんもの》め！　土壇場《どたんば》で怖《お》じ気《け》づきよったか！」

家康《いえやす》は使番《つかいばん》を走《はし》らせ、同時《どうじ》に山頂《さんちょう》へ向《む》けて鉄砲《てっぽう》を撃《う》ちかけさせた。むろん弾《たま》は届《とど》かないが、敵《てき》に回《まわ》るなら攻撃《こうげき》するぞと脅《おど》したのだ。

それが功《こう》を奏《そう》したのか、あるいはもともとの計略《けいりゃく》か。

小早川《こばやかわ》の軍勢《ぐんぜい》一万《まん》一千《せん》は、やがて一気《いっき》に松尾山《まつおやま》を駆《か》け下《お》りて、となりの山《やま》の中腹《ちゅうふく》に陣《じん》取《ど》っていた西軍《せいぐん》の大谷良継隊《おおたによしつぐたい》へと襲《おそ》いかかった。

大谷良継《おおたによしつぐ》は、石田三成《いしだみつなり》とともに豊臣《とよとみ》の天下《てんか》を支《ささ》えた良将《りょうしょう》だった。三成《みつなり》とは違《ちが》い人望《じんぼう》も厚《あつ》く、この戦《いくさ》には最後《さいご》まで反対《はんたい》していたとも言《い》われる。もとよりここ数年重《すうねんおも》い病《やまい》をわずらって、馬《うま》にも乗《の》れないほどだったのに、三成《みつなり》に懇願《こんがん》されて参戦《さんせん》していたのだった。

大谷隊《おおたにたい》は少《すく》ない兵《へい》で善戦《ぜんせん》したが、やがて大軍《たいぐん》の小早川隊《こばやかわたい》に押《お》し崩《くず》されてしまう。

太閤《たいこう》の義理《ぎり》の甥《おい》である小早川秀秋《こばやかわひであき》の裏切《うらぎ》り。そして大谷隊壊滅《おおたにたいかいめつ》の報《ほう》は、西軍《せいぐん》の士気《しき》をそぐのに充分《じゅうぶん》だった。

長《なが》い戦《たたか》いで疲弊《ひへい》しきっていた西軍《せいぐん》の軍勢《ぐんぜい》は、次々《つぎつぎ》に崩《くず》れ、ある者《もの》は東軍《とうぐん》に寝返《ねがえ》り、ついには敗走《はいそう》していく。

やがて笹尾山《ささおやま》の石田三成《いしだみつなり》の陣《じん》も破《やぶ》られた。

決死《けっし》の覚悟《かくご》で正面突破《しょうめんとっぱ》を試《こころ》みた島津隊《しまづたい》を最後《さいご》に、西軍《せいぐん》の姿《すがた》は、関ヶ原《せきがはら》の野原《のはら》から消《き》えた。

時刻《じこく》は、ようやく未《ひつじ》の刻《こく》（午後《ごご》二時《じ》ごろ）を過《す》ぎたばかりか。

天下分《てんかわ》け目《め》の決戦《けっせん》は、わずか半日《はんにち》で勝敗《しょうはい》を決《けっ》したのである。

石田三成《いしだみつなり》は、山中《さんちゅう》に隠《かく》れていたところを捕《と》らえられ、処刑《しょけい》された。

三成《みつなり》の城《しろ》だった佐和山城《さわやまじょう》には、余分《よぶん》な金銭《きんせん》や贅沢《ぜいたく》な調度《ちょうど》はいっさいなかったという。

彼《かれ》が本当《ほんとう》に、私利私欲《しりしよく》のためではなく、ただ豊臣《とよとみ》のためにすべてを捧《ささ》げていたことを知《し》って、家康《いえやす》もまた心《こころ》を打《う》たれたのだった。

五　最後《さいご》の炎《ほのお》

1　方広寺《ほうこうじ》の鐘《かね》

慶長《けいちょう》十七年《ねん》（一六一二年《ねん》）四月《がつ》。駿府《すんぷ》の城《しろ》の、真《ま》っ白《しろ》な天守《てんしゅ》の上《うえ》から、家康《いえやす》は富士山《ふじさん》を眺《なが》めていた。

七十一歳《さい》になった家康《いえやす》のとなりにいるのは、同《おな》じぐらいの年頃《としごろ》の、僧形《そうぎょう》の老人《ろうじん》だ。

「人《ひと》の世《よ》がいかにうつろうとも、ここから見《み》える富士《ふじ》は変《か》わりませぬなあ」

そうしみじみと言《い》うその老人《ろうじん》は、かつてこの場所《ばしょ》にあった館《やかた》の主《あるじ》――今川義元《いまがわよしもと》の嫡男《ちゃくなん》・氏真《うじざね》だった。今《いま》は出家《しゅっけ》して、宗誾《そうぎん》と名乗《なの》っている。

「ともに川《かわ》で泳《およ》いだりなどして遊《あそ》んだ、あの三河《みかわ》の小《こ》せがれが、まさか天下《てんか》に号令《ごうれい》する大《だい》将軍《しょうぐん》になろうとは……いや、これは、昔《むかし》なじみゆえに口《くち》が滑《すべ》りました」

頭巾《ずきん》をかぶった頭《あたま》に手《て》をやる宗誾《そうぎん》に、家康《いえやす》は微笑《ほほえ》みかけた。

「お気《き》になされるな宗誾《そうぎん》どの。あのころの思《おも》い出話《でばなし》が出来《でき》るのは、もはやそなたぐらいしかおりませぬわ。それに、もうわしは将軍《しょうぐん》ではござらぬ」

関《せき》ヶ原《がはら》の戦《いくさ》からすでに十二年《ねん》。朝廷《ちょうてい》から正式《せいしき》に征夷大将軍《せいいたいしょうぐん》に任《にん》じられ、政《まつりごと》を司《つかさど》ることを許《ゆる》されてからですら、もう九年《ねん》になる。

家康《いえやす》は、将軍《しょうぐん》と主従《しゅじゅう》の関係《かんけい》を結《むす》んだ大名《だいみょう》が、それぞれの領地《りょうち》を治《おさ》めるという、のちに「幕藩体制《ばくはんたいせい》」と呼《よ》ばれる新《あたら》しい統治《とうち》の形《かたち》を生《う》みだして整備《せいび》した。

徳川《とくがわ》の親族《しんぞく》からなる「親藩《しんぱん》」、関《せき》ヶ原《がはら》以前《いぜん》からの家臣《かしん》である「譜代《ふだい》」、新《あたら》しく臣従《しんじゅう》した「外様《とざま》」に大名《だいみょう》たちを分《わ》け、外様《とざま》には幕府《ばくふ》の要職《ようしょく》にはつけぬようにしたかわり、地方《ちほう》に大《おお》きな領地《りょうち》を与《あた》えた。

金《きん》や銀《ぎん》を産出《さんしゅつ》する山《やま》や、大《おお》きな港《みなと》のある重要《じゅうよう》な土地《とち》は幕府《ばくふ》の直轄領《ちょっかつりょう》とし、貨幣《かへい》を統一《とういつ》。経済《けいざい》が安定《あんてい》し、大名同士《だいみょうどうし》の戦《たたか》いもなくなって、世《よ》の中《なか》はやっと落《お》ち着《つ》きを取《と》りもどした。

秀吉《ひでよし》が戦《いくさ》を仕《し》掛《か》けた朝鮮《ちょうせん》にも使者《ししゃ》を送《おく》り、国交《こっこう》を回復《かいふく》した。また、難破《なんぱ》して流《なが》れ着《つ》いた西洋船《せいようせん》の船員《せんいん》らを家臣《かしん》として取《と》り立《た》て、彼《かれ》らを通《つう》じてイギリスやオランダとも通商《つうしょう》を開始《かいし》する。

徳川将軍家《とくがわしょうぐんけ》のお膝元《ひざもと》となった江戸《えど》の町《まち》は急速《きゅうそく》に発展《はってん》し、日本中《にほんじゅう》から人々《ひとびと》が集《あつ》まってきていた。

しかし家康《いえやす》は、わずか二年《ねん》で、将軍職《しょうぐんしょく》を息子《むすこ》の秀忠《ひでただ》にゆずると、子《こ》どものころを過《す》ごしたここ駿府《すんぷ》に移《うつ》り住《す》んできたのだった。

「そうでありました。今《いま》は『大御所《おおごしょ》さま』であられましたな。しかし、未《いま》だに人《ひと》は家康《いえやす》さまのところへ、あれこれとご意見《いけん》をうかがいにきておりますが」

「いやいや……わしの老《お》い先《さき》ももう長《なが》くない。目《め》の黒《くろ》いうちに、出来《でき》る限《かぎ》りのことをしておきたいと思《おも》っておるだけじゃ――秀忠《ひでただ》は、真面目《まじめ》で、戦《いくさ》には向《む》いておらぬが、形《かたち》さえ整《ととの》えてやればそつなくこなすであろうゆえ」

家康《いえやす》はさびしく笑《わら》った。

長《なが》い間《あいだ》、家康《いえやす》を支《ささ》えてくれた家臣《かしん》たちの多《おお》くが、もういない。

徳川《とくがわ》三傑《けつ》と呼《よ》ばれ称《たた》えられた、本多忠勝《ほんだただかつ》、榊原康政《さかきばらやすまさ》、井伊直政《いいなおまさ》の三人《にん》も、みな亡《な》くなってしまった。

ともに戦場《せんじょう》を駆《か》け、命《いのち》をはって戦《たたか》った人々《ひとびと》が次々《つぎつぎ》に去《さ》っていく。

「わしもすっかり太《ふと》ってしもうた。もはやひとりで具足《ぐそく》もつけられぬわ」

家康《いえやす》が言《い》うと、宗誾《そうぎん》は、いやいや、と首《くび》を横《よこ》に振《ふ》った。

「今《いま》でも毎日馬《まいにちうま》に乗《の》られ、鷹狩《たかが》りにも出《で》かけられておりましょう。先日《せんじつ》など、若《わか》い家臣《かしん》らと水練《すいれん》（水泳《すいえい》）をしたとうかがいましたぞ。お元気《げんき》なのはやはり、日々《ひび》のご精進《しょうじん》と薬湯《やくとう》のたまものでしょうかな」

「おだてますなあ。何《なに》も出《で》ませせぬぞ？　駿府《すんぷ》のお城《しろ》も返《かえ》しませせぬぞ？」

ふたりは声《こえ》を立《た》てて笑《わら》い合《あ》った。

若《わか》かったころ、互《たが》いの家《いえ》を背負《せお》って戦《たたか》った幼《おさな》なじみだが、今《いま》はもう、すべてが遠《とお》く、懐《なつ》かしいばかりだった。

「そうそう――ところで、わが父《ちち》・義元《よしもと》が大切《たいせつ》にしていた左文字《さもんじ》の刀《かたな》が、今《いま》は大御所《おおごしょ》さまのお手元《てもと》にあると小耳《こみみ》に挟《はさ》んだのですが、まことでございましょうや」

宗誾《そうぎん》の言葉《ことば》に、家康《いえやす》はうなずいた。

「おお、ありますぞ。関ヶ原《せきがはら》の翌年《よくとし》、大坂《おおさか》の秀頼《ひでより》さまからいただいたのじゃ。お目《め》にかけましょう」

今川義元《いまがわよしもと》の愛刀《あいとう》だった左文字《さもんじ》は、桶狭間《おけはざま》の合戦《かっせん》の時《とき》、織田信長《おだのぶなが》の手《て》に渡《わた》り、その後《ご》、燃《も》え落《お》ちる本能寺《ほんのうじ》から逃《に》げだしたひとりの侍女《じじょ》によって、京《きょう》の松尾大社《まつのおたいしゃ》に預《あず》けられていた。

それが太閤秀吉《たいこうひでよし》に献上《けんじょう》されたのが、朝鮮攻《ちょうせんぜ》めのころだったという。

家康《いえやす》は、小姓《こしょう》に持《も》ってこさせた刀《かたな》を、宗闇《そうぎん》に手渡《てわた》した。宗闇《そうぎん》は目《め》を細《ほそ》めて、少《すこ》し鞘《さや》をすべらせ、ぎらりと光《ひか》る刀身《とうしん》を見《み》つめた。

「あのころとは長《なが》さも拵《こしらえ》（刀《かたな》の外装《がいそう》）も違《ちが》いますが、この刃文《はもん》には見覚《みおぼ》えがございます。懐《なつ》かしいことだ。この刀《かたな》もまあ、希有《けう》なさだめでございますなあ」

宗闇《そうぎん》は、うやうやしく刀《かたな》を家康《いえやす》に手渡《てわた》す。

「昨年《さくねん》、秀頼《ひでより》さまとお会《あ》いになったとお聞《き》きしましたが、いかがでございましたか」

「うむ。数《かぞ》え十九の立派《りっぱ》な若者《わかもの》になっておられた。父君《ちちぎみ》の太閤殿下《たいこうでんか》はお世辞《せじ》にも見目好《みめよ》い男《おとこ》とは言《い》いがたかったが、母君《ははぎみ》の淀《よど》の方《かた》のお血筋《ちすじ》じゃろう、背《せ》も高《たか》く豊《ゆた》かにお太《ふと》りでな」

言《い》いながら、家康《いえやす》は苦笑《にがわら》いをした。

家康《いえやす》が征夷大将軍《せいいたいしょうぐん》の位《くらい》を、息子《むすこ》の秀忠《ひでただ》に譲《ゆず》ったことで、淀《よど》の方《かた》は烈火《れっか》のごとく怒《おこ》っていたらしい。あくまでも、徳川家《とくがわけ》は豊臣《とよとみ》の臣下《しんか》。いずれは将軍職《しょうぐんしょく》を秀頼《ひでより》に返《かえ》すと思《おも》っていたのだろう。

大坂方《おおさかがた》にとっては、家康《いえやす》は裏切《うらぎ》り者《もの》だ。豊臣《とよとみ》のもののはずだった天下《てんか》を、横《よこ》からさらっていって返《かえ》そうともしないのだから。

だが――家康《いえやす》に言《い》わせれば、それはそっくりそのまま、織田家《おだけ》に対《たい》して秀吉《ひでよし》が行《おこな》ったことである。

あの時《とき》、秀吉《ひでよし》は思《おも》っていたはずだ。信長《のぶなが》の平凡《へいぼん》な息子《むすこ》たちより、自分《じぶん》の方《ほう》がずっと上手《うま》くやれる、と。そして、実際《じっさい》に秀吉《ひでよし》は天下《てんか》を手《て》に入《い》れた。

だがそれは、秀吉《ひでよし》ひとりの才覚《さいかく》のおかげではない。世《よ》の中《なか》の流《なが》れが、秀吉《ひでよし》を選《えら》んだのである。そして、晩年《ばんねん》の秀吉《ひでよし》はそれに驕《おご》り、その流《なが》れを見失《みうしな》った。

「秀頼《ひでより》さまご自身《じしん》は分別《ふんべつ》のおありになる方《かた》じゃ。だが――なかなかにことは複雑《ふくざつ》でな」

家康《いえやす》がわずかにため息《いき》をついたのを見《み》て、宗誾《そうぎん》も真顔《まがお》になり、富士《ふじ》を見上《みあ》げた。

「世《よ》の人々《ひとびと》はわたしのことを、足利将軍家《あしかがしょうぐんけ》の流《なが》れをくむ名門《めいもん》・今川家《いまがわけ》を没落《ぼつらく》させた愚《おろ》か者《もの》よ、仇《かたき》のはずの織田《おだ》や、家臣《かしん》であった徳川《とくがわ》にへつらう恥知《はじし》らずよ、とそしりまする。あの時《とき》、掛川城《かけがわじょう》で腹《はら》を切《き》るのが武家《ぶけ》としての潔《いさぎよ》さであったやもしれぬ。しかし、今《いま》のわたしは晴《は》れ晴《ば》れとしておりますよ。息子《むすこ》らも秀忠《ひでただ》さまに召《め》し抱《かか》えていただき、今川《いまがわ》の名《な》も残《のこ》りましたしなあ」

「……大坂方《おおさかがた》もそのように思《おも》うてくれればよいのだが……このままでは難《むずか》しかろうな」

家康《いえやす》は、豊臣《とよとみ》の家《いえ》を滅《ほろ》ぼすつもりはなかった。秀忠《ひでただ》の正室《せいしつ》に、淀《よど》の方《かた》の妹《いもうと》である江姫《ごうひめ》を迎《むか》え、その間《あいだ》に生《う》まれた千姫《せんひめ》を、秀頼《ひでより》の正室《せいしつ》として嫁《とつ》がせている。

だが、秀頼《ひでより》が立派《りっぱ》に成人《せいじん》した今《いま》、再《ふたた》び天下《てんか》を豊臣《とよとみ》に取《と》りもどそうとする動《うご》きが、いつ起《お》きぬとも限《かぎ》らない。

世《よ》の中《なか》には、太平《たいへい》を望《のぞ》まぬ人々《ひとびと》というのもいる。戦国《せんごく》の世《よ》なら腕《うで》っぷしひとつでいくらでも成《な》り上《あ》がれるが、戦《いくさ》がなくなればそうはいかぬからだ。

豊臣《とよとみ》にはまだ、秀吉《ひでよし》の残《のこ》した莫大《ばくだい》な富《とみ》があり、難攻不落《なんこうふらく》の大坂城《おおさかじょう》がある。それらが、世《よ》の中《なか》を乱《みだ》して下克上《げこくじょう》を狙《ねら》う人々《ひとびと》に利用《りよう》されればどうなるだろう。

なんとかして、城《しろ》か、富《とみ》か、どちらかだけでも、手放《てばな》してはくれまいか。

家康《いえやす》は、富士《ふじ》を見《み》ながらまたため息《いき》をついた。

＊

「大御所《おおごしょ》さま。好機《こうき》が参《まい》りましたぞ」

そう言《い》って、本多正信《ほんだまさのぶ》の息子《むすこ》・正純《まさずみ》が、家康《いえやす》の元《もと》を訪《おとず》れたのは、慶長《けいちょう》十九年《ねん》（一六一四年《ねん》）の夏《なつ》のことだった。正信《まさのぶ》はまだ健在《けんざい》だが、今《いま》は江戸《えど》の秀忠《ひでただ》の元《もと》で相談役《そうだんやく》を引《ひ》き受《う》けており、息子《むすこ》を自分《じぶん》の代《か》わりに家康《いえやす》に仕《つか》えさせている。

「方広寺《ほうこうじ》の鐘《かね》に刻《きざ》まれた銘文《めいぶん》でございますが、これはいかがなものかと思《おも》いまして」

正純《まさずみ》は、父《ちち》によく似《に》た顔《かお》と口調《くちょう》で、家康《いえやす》の手元《てもと》に巻紙《まきがみ》を開《ひら》く。

京《きょう》の東山《ひがしやま》にある方広寺《ほうこうじ》は、太閤秀吉《たいこうひでよし》が生前《せいぜん》に建立《こんりゅう》した寺《てら》だが、地震《じしん》で倒壊《とうかい》し、その後《ご》、火事《かじ》などもあって放置《ほうち》されていた。

家康《いえやす》は、その改修《かいしゅう》を豊臣方《とよとみがた》に勧《すす》めた。そうすることで平和的《へいわてき》に蓄財《ちくざい》を減《へ》らしてほしいと思《おも》ったからだ。

これには大坂《おおさか》も快《こころよ》く応《おう》じ、数年前《すうねんまえ》から秀頼《ひでより》の名前《なまえ》の下《もと》で改修《かいしゅう》と、大仏《だいぶつ》の再建《さいけん》が進《すす》められていた。そして、いよいよこの夏《なつ》に、開眼供養《かいげんくよう》を行《おこな》うことになっていたのだ。

ところが、そのために作《つく》られた大《おお》きな鐘《かね》に刻《きざ》まれた文章《ぶんしょう》が、実《じつ》によろしくない、と正純《まさずみ》は言《い》うのである。

「ここでございます」

正純《まさずみ》は、めでたそうな字面《じづら》が長々《ながなが》と続《つづ》く漢文《かんぶん》の、終《お》わりのあたりを指《ゆび》さした。

「こちらに『国家安康《こっかあんこう》』、そしてここに『君臣豊楽《くんしんほうらく》』とあります。これは、大御所《おおごしょ》さまの諱《いみな》『家康《いえやす》』を分断《ぶんだん》しておりますし、『豊臣《とよとみ》を君《くん》として楽《たの》しむ』と読《よ》めまする。しかも、どうやらうっかりではなく、わざとやったようなのです」

「なに、わざと？」

「文章《ぶんしょう》を考案《こうあん》した僧《そう》は、趣向《しゅこう》（面白《おもしろ》い工夫《くふう》）のつもりだったと言《い》うておるとか」

「………」

家康《いえやす》は呆《あき》れた。正純《まさずみ》の言《い》い分《ぶん》にではなく、豊臣方《とよとみがた》のうかつさにである。

この時代《じだい》、名前《なまえ》には呪術的《じゅじゅつてき》な力《ちから》があると信《しん》じられていて、本人《ほんにん》や親《おや》など以外《いがい》が呼《よ》び捨《す》てにしたり、このように分断《ぶんだん》して記《しる》したりすることは、たいへん無礼《ぶれい》なことだった。しかも、面白《おもしろ》がってわざとやったなどと言《い》われると、これは冗談《じょうだん》ではすまない話《はなし》である。

このこと以外《いがい》にも、この開眼供養《かいげんくよう》については、細々《こまごま》とした式次第《しきしだい》の失態《しったい》が多《おお》く、仏僧《ぶっそう》たちからも不満《ふまん》の訴《うった》えがいくつも届《とど》いていた。

「……大坂《おおさか》に、開眼供養《かいげんくよう》の日程《にってい》を延期《えんき》するように伝《つた》えよ」

これを放置《ほうち》しては、徳川《とくがわ》の威信《いしん》にも傷《きず》がつく。

家康《いえやす》は不機嫌《ふきげん》に、正純《まさずみ》にそう言《い》った。

これに慌《あわ》てたのは、徳川《とくがわ》との取《と》り次《つ》ぎを務《つと》めていた豊臣《とよとみ》の家老《かろう》・片桐且元《かたぎりかつもと》である。そもそもこの鐘銘《しょうめい》の件《けん》は、且元《かつもと》が中心《ちゅうしん》になって進《すす》めていたものだった。

家康《いえやす》への恐《おそ》れからか、且元《かつもと》は勝手《かって》に、秀頼《ひでより》と淀《よど》の方《かた》に対《たい》して、「秀頼《ひでより》の江戸《えど》への参勤《さんきん》」「淀《よど》の方《かた》が江戸《えど》で人質《ひとじち》となる」「秀頼《ひでより》が大坂城《おおさかじょう》を出《で》て他国《たこく》への国替《くにが》えを受《う》け入《い》れる」のいずれかを選《えら》ぶべきだと進言《しんげん》する。

これが淀《よど》の方《かた》たちの怒《いか》りを買《か》い、豊臣方《とよとみがた》は且元《かつもと》を、徳川方《とくがわがた》と通《つう》じた敵《てき》とみなして殺《ころ》そうとした。

「……大坂《おおさか》は、どうしても戦《いくさ》がしたいようでございますな」

本多正純《ほんだまさずみ》が、家康《いえやす》に向《む》かって笑《わら》った。

片桐且元《かたぎりかつもと》はただ豊臣《とよとみ》の家臣《かしん》であるというわけではなく、徳川《とくがわ》からも信任《しんにん》を受《う》けてその職《しょく》務《む》に就《つ》いていたのだ。その処分《しょぶん》に徳川方《とくがわがた》の合意《ごうい》を得《え》ず、かつ武力《ぶりょく》をもって当《あ》たるということは、徳川《とくがわ》から報復《ほうふく》があって当《あ》たり前《まえ》なのだが。

「どうなさいます、大御所《おおごしょ》さま」

家康《いえやす》は目《め》を閉《と》じた。

小牧《こまき》・長久手《ながくて》の戦《いくさ》のあとの、秀吉《ひでよし》との緊張《きんちょう》したやりとりを思《おも》いだす。互《たが》いに知恵《ちえ》を絞《しぼ》り、血《ち》を分《わ》けた親《おや》や子《こ》を人質《ひとじち》に出《だ》し、腹《はら》を探《さぐ》り合《あ》い、下《さ》げたくもない頭《あたま》を下《さ》げた。

それぞれが背負《せお》っているもののために。理想《りそう》とする天下《てんか》のために。

(片桐且元《かたぎりかつもと》は、ずっと豊臣《とよとみ》のために尽《つ》くしてきた男《おとこ》だ。わしの顔色《かおいろ》をうかがったのも、大《お》坂《さか》のことを心《こころ》より案《あん》じたからであろう。それを切《き》り捨《す》てるとは)

加藤清正《かとうきよまさ》をはじめとする、豊臣《とよとみ》の忠実《ちゅうじつ》な家臣《かしん》たちももういない。

秀吉《ひでよし》の正室《せいしつ》で、いつも冷静《れいせい》に周《まわ》りを諭《さと》してきた北政所《きたのまんどころ》(ねね)も、大坂城《おおさかじょう》を退去《たいきょ》して政《まつりごと》からは身《み》を引《ひ》いてしまった。

今《いま》、秀頼《ひでより》の周《まわ》りで力《ちから》を持《も》っているのは、実母《じつぼ》である淀《よど》の方《かた》と、その乳母《うば》や乳兄弟《ちきょうだい》たちだ。

(開眼供養《かいげんくよう》ひとつまともに取《と》り仕《し》切《き》ることの出来《でき》ぬものたちが、天下《てんか》を差配《さはい》するつもりとは片腹痛《かたはらいた》いわ)

「それがあちらの望《のぞ》みなら、白黒《しろくろ》つけねばならぬな」

家康《いえやす》は、重々《おもおも》しく言《い》った。

2　大坂冬《おおさかふゆ》の陣《じん》

そして、その年《とし》の冬《ふゆ》。

家康《いえやす》は、ついに大坂攻《おおさかぜ》めを決《き》める。

豊臣家《とよとみけ》も、各地《かくち》に檄《げき》を飛《と》ばし、十万《まん》の兵《へい》を大坂城《おおさかじょう》に集《あつ》めた。だが、そのほとんどは関ケ原《せきがはら》で主家《しゅか》を失《うしな》って食《く》い詰《つ》めた牢人《ろうにん》（浪人《ろうにん》とも書《か》く。仕《つか》える主人《しゅじん》のいない侍《さむらい》のこと）たちだった。すでに徳川《とくがわ》の天下《てんか》は定《さだ》まったと見《み》た大名《だいみょう》たちは、秀吉《ひでよし》に恩《おん》のある者《もの》たちでさえ、誰《だれ》ひとり豊臣《とよとみ》に味方《みかた》しなかったのである。

家康《いえやす》と秀忠《ひでただ》が率《ひき》いる幕府軍《ばくふぐん》は、綺羅星《きらぼし》のごとく大名《だいみょう》たちの旗印《はたじるし》が並《なら》ぶ、総勢《そうぜい》二十万《まん》。

誰《だれ》もがみな、この戦《いくさ》はすぐに終《お》わると思《おも》っていただろう。


だが――ことはそう簡単《かんたん》にはいかなかった。

大坂城《おおさかじょう》は、東西《とうざい》と北《きた》の三方《さんぽう》を川《かわ》と堀《ほり》に囲《かこ》まれた、秀吉自慢《ひでよしじまん》の広大《こうだい》な城《しろ》だ。外堀《そとぼり》の内側《うちがわ》には城下町《じょうかまち》を丸《まる》ごと抱《かか》えこみ、秀吉《ひでよし》が残《のこ》した巨万《きょまん》の富《とみ》によって買《か》い付《つ》けた兵糧《ひょうろう》も大量《たいりょう》にある。

唯一《ゆいいつ》の弱点《じゃくてん》は、川《かわ》がなく、ゆるやかな土地《とち》に面《めん》している南側《みなみがわ》だった。当然《とうぜん》、家康《いえやす》の本陣《ほんじん》も、この南側《みなみがわ》に向《む》かう茶臼山《ちゃうすやま》（大阪市天王寺区《おおさかしてんのうじく》）に張《は》られ、その前方《ぜんぽう》には譜代《ふだい》の家臣《かしん》たちが陣《じん》を取《と》っている。

しかし、大坂側《おおさかがわ》も、その弱点《じゃくてん》はよくわかっていた。あらかじめ、ここに、出丸《でまる》と呼《よ》ばれる砦《とりで》を築《きず》き、幕府方《ばくふがた》の兵力《へいりょく》を迎《むか》え撃《う》ったのだ。

その出丸《でまる》を守《まも》っていたのは、真田信繁《さなだのぶしげ》――のちの世《よ》に「真田幸村《さなだゆきむら》」という通《とお》り名《な》で知《し》られるようになる武将《ぶしょう》だった。信繁《のぶしげ》の父《ちち》は、これまでにもたびたび徳川《とくがわ》と戦《たたか》い、関ヶ原《せきがはら》の戦《いくさ》では、秀忠《ひでただ》の軍《ぐん》を信州上田《しんしゅううえだ》で足止《あしど》めした名将《めいしょう》・真田昌幸《さなだまさゆき》だ。

信繁《のぶしげ》は、父譲《ちちゆず》りの策略《さくりゃく》で幕府軍《ばくふぐん》を挑発《ちょうはつ》。数《かず》を頼《たの》んで出丸《でまる》――「真田丸《さなだまる》」に攻《せ》めかかった徳川軍《とくがわぐん》を引《ひ》きつけ、狭《せま》い場所《ばしょ》に誘《さそ》いこんだ上《うえ》で、周囲《しゅうい》から鉄砲《てっぽう》を撃《う》ちかけて攻撃《こうげき》。背後《はいご》からも、息子《むすこ》に率《ひき》いさせた別働隊《べつどうたい》で襲《おそ》い、さんざんに打《う》ち負《ま》かした。


「なにをやっておるのだおまえたちは‼　あんなみえみえの策《さく》に乗《の》りおって‼」

家康《いえやす》は、部隊《ぶたい》を率《ひき》いていた将《しょう》たちを本陣《ほんじん》に呼《よ》びつけて厳《きび》しく叱責《しっせき》した。

「鉄砲《てっぽう》を防《ふせ》ぐ盾《たて》も持《も》たずに突入《とつにゅう》するなど、言語道断《ごんごどうだん》じゃ‼」

千人以上《せんにんいじょう》の死者《ししゃ》を出《だ》した上《うえ》、背後《はいご》が詰《つ》まって退却《たいきゃく》することすら出来《でき》ず、無様《ぶざま》に押《お》し合《あ》うさまをみて、信繁《のぶしげ》は「真田丸《さなだまる》」の上《うえ》で大笑《おおわら》いしていたという。

長篠《ながしの》の戦《いくさ》での武田軍《たけだぐん》の失態《しったい》を忘《わす》れたか！　と、家康《いえやす》は言《い》いかけて、はっと息《いき》をのんだ。

もう、幕府軍《ばくふぐん》には、あの戦国《せんごく》の時代《じだい》を戦《たたか》い抜《ぬ》いた武将《ぶしょう》はほとんどいない。多《おお》くがその息《むす》子《こ》や孫《まご》であって、実際《じっさい》に戦《いくさ》に出《で》るのはこれが初《はじ》めてなのだ。
誰《だれ》も知《し》らない。あのころの戦《たたか》いを。

(……大坂方《おおさかがた》は寄《よ》せ集《あつ》めの烏合《うごう》の衆《しゅう》と思《おも》っておったが、これはいかん……やはり真田《さなだ》は侮《あなど》れぬ……)

関ヶ原《せきがはら》の戦《いくさ》のあと、秀忠《ひでただ》の進軍《しんぐん》を阻《はば》んだ真田昌幸《さなだまさゆき》と信繁《のぶしげ》を、家康《いえやす》は切腹《せっぷく》させるつもりだった。だが、本多忠勝《ほんだただかつ》や井伊直政《いいなおまさ》らがそろって助命《じょめい》を嘆願《たんがん》したので、領地《りょうち》を取《と》り上《あ》げ高野山《こうやさん》の山奥《やまおく》で蟄居《ちっきょ》(見張《みは》りをつけて閉《と》じこめること)することで許《ゆる》してやったのだ。

(そこを抜《ぬ》けだして、豊臣方《とよとみがた》に加勢《かせい》するとは恩知《おんし》らずめ。それでも、父《ちち》の昌幸《まさゆき》は病死《びょうし》したと聞《き》いて、安心《あんしん》しておったのだが……)

しかし、そう思《おも》う一方《いっぽう》で、家康《いえやす》は少《すこ》し、気持《きも》ちが高《たか》ぶるのも感《かん》じていた。

(さすがは真田《さなだ》よ。忠勝《ただかつ》や直政《なおまさ》が、敵《てき》ながらその武勇《ぶゆう》を惜《お》しんで命乞《いのちご》いをしただけのことはあるわ……)

若《わか》いころの戦場《せんじょう》に立《た》っているような気《き》がして、家康《いえやす》は笑《わら》った。
あのころ血《ち》みどろになって死《し》んでいった、たくさんの武将《ぶしょう》たちの魂《たましい》が、今《いま》、真田信繁《さなだのぶしげ》の姿《すがた》を借《か》りて、家康《いえやす》の前《まえ》に立《た》ちふさがっているのかもしれない。

（そなたは太閤殿下《たいこうでんか》のお気《き》に入《い》りであったな、信繁《のぶしげ》よ。だが、そなたのそのあっぱれな忠《ちゅう》義《ぎ》は、結局《けっきょく》のところ、秀頼《ひでより》さまや淀《よど》の方《かた》を苦《くる》しめるだけなのだぞ）

秀吉《ひでよし》の辞世《じせい》の句《く》を、家康《いえやす》は思《おも》いだす。

『露《つゆ》と落《お》ち　露《つゆ》と消《き》えにし　我《わ》が身《み》かな　なにわのことは　夢《ゆめ》のまた夢《ゆめ》』

大坂《おおさか》はまだ、秀吉《ひでよし》の見《み》た夢《ゆめ》の中《なか》にある。

下克上《げこくじょう》の夢《ゆめ》。知略《ちりゃく》と力《ちから》を頼《たの》みに駆《か》けあがる夢《ゆめ》。

だがもうそれは、秀吉《ひでよし》と一緒《いっしょ》に露《つゆ》と消《き》えたのだ。

なぜ、彼《かれ》らにはそれがわからないのだろう。

（――夢《ゆめ》から覚《さ》めてもらうには、犠牲《ぎせい》が必要《ひつよう》、か……）


家康《いえやす》は、ついに覚悟《かくご》を決《き》める。

こんな時《とき》のためにと西洋《せいよう》から輸入《ゆにゅう》した最新式《さいしんしき》の大砲《たいほう》を、大坂城《おおさかじょう》に向《む》けて撃《う》ちかけるように命《めい》じたのだ。

それまでの日本製《にほんせい》とは桁違《けたちが》いの威力《いりょく》で、その大砲《たいほう》は火《ひ》を噴《ふ》いた。

広大《こうだい》な敷地《しきち》に阻《はば》まれ、決《けっ》して砲撃《ほうげき》など届《とど》くはずもないと言《い》われた大坂城《おおさかじょう》の奥深《おくふか》くに、その鉄《てつ》の弾丸《だんがん》は命中《めいちゅう》したのである。

砲撃《ほうげき》を指揮《しき》したのは片桐且元《かたぎりかつもと》——豊臣方《とよとみがた》に命《いのち》を狙《ねら》われ、幕府軍《ばくふぐん》に寝返《ねがえ》った男《おとこ》だった。

それが決《き》め手《て》となり、ようやく大坂《おおさか》は、和睦交渉《わぼくこうしょう》を受《う》け入《い》れることを承諾《しょうだく》した。

＊

十二月《がつ》十四日《か》。家康《いえやす》は茶臼山《ちゃうすやま》の本陣《ほんじん》に、阿茶《あちゃ》の局《つぼね》を呼《よ》んでいた。

「和睦《わぼく》の条件交渉《じょうけんこうしょう》を、わたくしにお任《まか》せくださると？」

六十になった阿茶《あちゃ》は、髪《かみ》にこそ白《しろ》いものが目立《めだ》ちはじめていたが、まだまだ元気《げんき》で背筋《せすじ》もしゃんとしている。頭《あたま》の回転《かいてん》の速《はや》さも健在《けんざい》だ。

「うむ。どうも大坂方《おおさかがた》も、誰《だれ》を和睦《わぼく》の使者《ししゃ》に出《だ》すかで揉《も》めておるようでな」

家康《いえやす》は顔《かお》をしかめた。

「なにせ寄《よ》せ集《あつ》めの大所帯《おおじょたい》じゃ。大阪城内《おおさかじょうない》でも意見《いけん》が割《わ》れておるのだ。戦《いくさ》を主導《しゅどう》している真田《さなだ》はじめ、牢人《ろうにん》どもは未《いま》だ徹底抗戦《てっていこうせん》を主張《しゅちょう》しておるようじゃ」

家康《いえやす》は、真田信繁《さなだのぶしげ》の血縁《けつえん》で徳川方《とくがわがた》についている者《もの》を通《つう》じ、信繁《のぶしげ》に真田《さなだ》の旧領《きゅうりょう》である信濃《しなの》を与《あた》えるのでこちらにつかないかと伝《つた》えさせたが、自分《じぶん》は扶持《ふち》（お金《かね》）のために戦《たたか》っているのではないと断《ことわ》ってきた。

「真田《さなだ》は名誉《めいよ》のために、他《ほか》の牢人《ろうにん》どもは、逆《ぎゃく》に食《く》い扶持《ぶち》を求《もと》めて戦《たたか》っておるので、ここでも話《はなし》が食《く》い違《ちが》い、男《おとこ》どもは互《たが》いに牽制《けんせい》し合《あ》ってどうにもならぬらしい。そこでこちらから、常高院《じょうこういん》どのでどうかと薦《すす》めてみることにしたのじゃ」

常高院《じょうこういん》は、淀《よど》の方《かた》の妹《いもうと》だった。本名《ほんみょう》を初《はつ》といい、信長《のぶなが》の妹《いもうと》・お市《いち》の方《かた》と、浅井長政《あざいながまさ》の間《あいだ》に生《う》まれた三姉妹《しまい》の次女《じじょ》である。一度《いちど》は京極高次《きょうごくたかつぐ》という武将《ぶしょう》に嫁《とつ》いだが死別《しべつ》し、今《いま》は出家《しゅっけ》している。

「なるほど。三姉妹《しまい》の末《すえ》の妹《いもうと》・お江《ごう》さまは、こちらの秀忠《ひでただ》さまの御正室《ごせいしつ》ですし、それならどちらからも異論《いろん》は出《だ》せませぬな」

「淀《よど》の方《かた》はなかなかに難《むずか》しいお方《かた》で、わしもどうも勝手《かって》がわからぬ。あちらはあちらで、男《おとこ》の理屈《りくつ》は信用《しんよう》ならぬと思《おも》うておいでじゃろう。これ以上《いじょう》こじれるのはなんとしてもさけねばならぬ」

「それで、女子同士《おなごどうし》で話《はなし》をしてこいと。わかりました。難《むずか》しいお役目《やくめ》ですが、このわたくしで出来《でき》ますなら」

阿茶《あちゃ》は、そう言《い》って微笑《ほほえ》んだ。

「淀《よど》の方《かた》はおそらく、秀頼《ひでより》さまのお命《いのち》とご名誉《めいよ》が第一《だいいち》のはず。こちらが先《さき》にそこを保証《ほしょう》してさしあげれば、その他《ほか》のことは多少難《たしょうむずか》しくても呑《の》まれるでしょう。こちらとしては、もう二度《にど》と豊臣《とよとみ》が戦《いくさ》をしかけようと思《おも》わないようにすればよろしいのですよね？」

「そうじゃ。そのために、どうしてもあちらに呑《の》んでもらいたい条件《じょうけん》がある。それを上手《うま》く話《はな》してきてほしいのじゃ。そなたなら出来《でき》る。なにとぞよろしくたのむ」

家康《いえやす》は阿茶《あちゃ》に手《て》を合《あ》わせた。


そして数日後《すうじつご》。常高院《じょうこういん》の義理《ぎり》の息子《むすこ》で、今《いま》は幕府軍《ばくふぐん》として参戦《さんせん》している京極忠高《きょうごくただたか》の陣地《じんち》内《ない》に和平交渉《わへいこうしょう》の席《せき》が設《もう》けられた。

家康《いえやす》の意《い》を受《う》けて、阿茶《あちゃ》は常高院《じょうこういん》と会談《かいだん》し、巧《たく》みな話術《わじゅつ》で和睦交渉《わぼくこうしょう》を成立《せいりつ》させる。

豊臣方《とよとみがた》の領地《りょうち》もこれまでどおり。淀《よど》の方《かた》を人質《ひとじち》にもしないし、豊臣方《とよとみがた》に参陣《さんじん》した牢人《ろうにん》たちの罪《つみ》も問《と》わない。秀頼《ひでより》も、これまでどおり大坂城《おおさかじょう》にいてよいし、もし出《で》ていきたいのであればどこでも好《す》きな国《くに》を希望《きぼう》してよい。

ただ――その代《か》わりに呑《の》んでもらいたい、唯一《ゆいいつ》の条件《じょうけん》は。

大坂城《おおさかじょう》は本丸《ほんまる》だけを残《のこ》し、二の丸《まる》、三の丸《まる》の堀《ほり》をすべて埋《う》め立《た》てる、というものだった。

大坂城《おおさかじょう》は、これにより、すべての堀《ほり》を埋《う》められて、丸裸《まるはだか》になったのである。

3　大坂夏《おおさかなつ》の陣《じん》

冬《ふゆ》の陣《じん》が終結《しゅうけつ》してから、わずか数《すう》カ月後《げつご》の、慶長《けいちょう》二十年《ねん》（一六一五年《ねん》）三月《がつ》。

駿府《すんぷ》の家康《いえやす》の元《もと》に、大坂方《おおさかがた》がふたたび牢人《ろうにん》たちを雇《やと》い入《い》れ、埋《う》めた堀《ほり》を掘《ほ》り返《かえ》そうとしたり、兵糧《ひょうろう》や物資《ぶっし》を買《か》い集《あつ》めているという報告《ほうこく》が届《とど》いた。

「まだ戦《たたか》うつもりなのか。大坂《おおさか》はどこまでおろかなのだ」

家康《いえやす》は何度《なんど》も、牢人《ろうにん》たちを解雇《かいこ》するように、それが出来《でき》ぬならやはり国替《くにが》えをしてもらう、との書《しょ》を送《おく》ったが、秀頼《ひでより》からの返事《へんじ》はなかった。

「大坂方《おおさかがた》で和睦《わぼく》を主導《しゅどう》していた者《もの》どもはみな追《お》いだされ、淀《よど》の方《かた》のご意見《いけん》ももう聞《き》き入《い》れられないようです」

先日《せんじつ》の戦《いくさ》で蓄財《ちくざい》は尽《つ》きたはずだ。大坂城《おおさかじょう》は堀《ほり》を埋《う》められ、真田丸《さなだまる》も取《と》り壊《こわ》され、籠城《ろうじょう》も叶《かな》わない。

世間《せけん》では、外堀《そとぼり》だけを埋《う》める約束《やくそく》を徳川《とくがわ》が反故《ほご》にして、内堀《うちぼり》までも埋《う》め立《た》てたと言《い》われているようだが、それはまったくの誤解《ごかい》だ。すべての堀《ほり》を埋《う》めることが、最初《さいしょ》から和睦《わぼく》の条件《じょうけん》だったのである。

「淀《よど》の方《かた》がそれを呑《の》んだのが、逆《ぎゃく》に主戦派《しゅせんは》の怒《いか》りをたきつけてしまったようですな」

最初《さいしょ》から、豊臣《とよとみ》は滅《ほろ》ぼしてしまうべきだと主張《しゅちょう》していた本多正信《ほんだまさのぶ》・正純《まさずみ》の親子《おやこ》は、どことなく楽《たの》しそうだった。

「将軍秀忠《しょうぐんひでただ》さまも、大坂討《おおさかう》つべしとのご意見《いけん》です。もはや生《い》かしておくことは禍根《かこん》を残《のこ》すだけと」

家康《いえやす》は、再《ふたた》び秀頼《ひでより》に、牢人《ろうにん》どもの解雇《かいこ》か転封《てんぽう》かを選《えら》ぶように求《もと》めたが、やはり返答《へんとう》は否《いな》であった。

そうして、再《ふたた》び戦《いくさ》が始《はじ》まったのである。

＊

五月《がつ》の初《はじ》め。京《きょう》に終結《しゅうけつ》した幕府軍《ばくふぐん》十五万《まん》を率《ひき》い、家康《いえやす》と秀忠《ひでただ》は、大和路《やまとじ》を下《くだ》って大坂《おおさか》へ向《む》かった。

堀《ほり》はすべて埋《う》めたとはいえ、大坂城《おおさかじょう》の東西《とうざい》と北《きた》は川《かわ》に囲《かこ》まれている。城《しろ》に攻《せ》めこむには、南《みなみ》の河内平野《かわちへいや》から回《まわ》りこむしかないのだ。

そして、大坂方《おおさかがた》の兵《へい》たちも、すでに城《しろ》としての機能《きのう》を失《うしな》った大坂城《おおさかじょう》を守《まも》るには、同《おな》じく南《みなみ》の平野《へいや》に打《う》って出《で》るしか道《みち》はない。

大坂城《おおさかじょう》に向《む》かって押《お》し進《すす》む幕府軍《ばくふぐん》と、それを阻《はば》もうとする豊臣軍《とよとみぐん》は、河内平野《かわちへいや》で何度《なんど》も激戦《げきせん》を繰《く》り広《ひろ》げることになった。

「申《もう》し上《あ》げます！　豊臣方《とよとみがた》の突撃《とつげき》を防《ふせ》ぎきれず、本多隊《ほんだたい》、井伊隊《いいたい》、榊原隊押《さかきばらたいお》しこまれ、陣《じん》が乱《みだ》れております！」

響《ひび》きわたる鉄砲《てっぽう》の音《おと》と、使番《つかいばん》の叫《さけ》び声《ごえ》に、家康《いえやす》は拳《こぶし》を握《にぎ》りしめた。

圧倒的《あっとうてき》な厚《あつ》みで敷《し》いているはずの徳川譜代軍《とくがわふだいぐん》の陣《じん》が斬《き》りこまれ、前方《ぜんぽう》が激《はげ》しく乱《みだ》れているのは明《あきら》かだ。

大坂方《おおさかがた》は、もはや命《いのち》を惜《お》しんでいない。これが最期《さいご》とばかり、激《はげ》しい勢《いきお》いで攻《せ》めかかってきていた。

悲鳴《ひめい》と、馬《うま》のいななきが迫《せま》ってくる。風《かぜ》に血《ち》の臭《にお》いが混《ま》じった。

もう嗅《か》ぐこともないと思《おも》っていた、戦場《せんじょう》の臭《にお》い。

「迫《せま》る赤備《あかぞな》えは、真田信繁《さなだのぶしげ》と見《み》えまする！　大御所《おおごしょ》さま、本陣《ほんじん》をお下《さ》げください！」

「真田《さなだ》の狙《ねら》いは、大御所《おおごしょ》さまのお命《いのち》でございます！　お逃《に》げください！」

見《み》る間《ま》に陣形《じんけい》が崩《くず》れ、本陣《ほんじん》の周《まわ》りに整然《せいぜん》と並《なら》んでいた三《み》つ葉葵《ばあおい》の旗《はた》が乱《みだ》れる。家康《いえやす》も馬《うま》に飛《と》び乗《の》った。

「陣《じん》を下《さ》げる！　弓鉄砲放《ゆみてっぽうはな》て！」

戦慣《いくさな》れしていない雑兵《ぞうひょう》たちが無駄《むだ》にあちらこちらと駆《か》け回《まわ》り、その上《うえ》を、矢《や》と鉄砲玉《てっぽうだま》が飛《と》び交《か》う。

「ええい！　何《なに》をしておる！」

陣幕《じんまく》を後《あと》に駆《か》けだした家康《いえやす》が振《ふ》り返《かえ》ると、自分《じぶん》の馬印《うまじるし》である金扇《きんせん》が無様《ぶざま》に倒《たお》れていくのが見《み》えた。

「わしの馬印《うまじるし》が倒《たお》れるなど——三方ヶ原《みかたがはら》の時《とき》以来《いらい》じゃ……」

気《き》がつくと、家康《いえやす》の周《まわ》りには数名《すうめい》の家臣《かしん》しかいなかった。馬印《うまじるし》を見失《みうしな》い、陣《じん》の場所《ばしょ》を示《しめ》す旗持《はたも》ちも、それを目印《めじるし》に並《なら》ぶはずの槍持《やりも》ちも、あちこちで右往左往《うおうさおう》している。

前方《ぜんぽう》で雄叫《おたけ》びが聞《き》こえる。朱色《しゅいろ》の具足《ぐそく》をまとった敵兵《てきへい》たちが、数《かず》ではるかに勝《まさ》る徳川軍《とくがわぐん》に突撃《とつげき》を繰《く》り返《かえ》していた。

「大御所《おおごしょ》さま！　ここは危《あぶ》のうございます！　もっと後《うし》ろへ！」

誰《だれ》かが叫《さけ》んでいる。だが、家康《いえやす》は吸《す》い寄《よ》せられるように、もはや目前《もくぜん》に迫《せま》った戦《たたか》いを見《み》つめていた。

真田《さなだ》の赤備《あかぞな》えが、三方ヶ原《みかたがはら》で自分《じぶん》を追《お》い詰《つ》めた、武田《たけだ》の騎馬隊《きばたい》に重《かさ》なって見《み》える。

蒸《む》し暑《あつ》い夏《なつ》の、血《ち》の臭《にお》いのする風《かぜ》が、桶狭間《おけはざま》のあの日《ひ》を、伊賀越《いがご》えの苦《くる》しさを蘇《よみがえ》らせた。

思《おも》えば、家康《いえやす》はいつも逃《に》げ惑《まど》っていた気《き》がする。

織田《おだ》へ今川《いまがわ》へと売《う》られ、武田《たけだ》に痛《いた》めつけられ、秀吉《ひでよし》に翻弄《ほんろう》され——……。

時代《じだい》をつかんだと思《おも》ったのは、ただの驕《おご》りであったのか。

「もうだめじゃ……わしは、腹《はら》を切《き》る！」

家康《いえやす》は子《こ》どものように叫《さけ》んだ。

「真田《さなだ》に首《くび》を取《と》られる前《まえ》に、切腹《せっぷく》を……」

「なにをおっしゃいます！　しっかりしてくださいませ！」

馬《うま》を下《お》りようとする家康《いえやす》を、両側《りょうがわ》から家臣《かしん》たちが押《お》しとどめた。だが家康《いえやす》は彼《かれ》らを押《お》しやると、転《ころ》がり落《お》ちるように地面《じめん》に座《すわ》った。

介錯《かいしゃく》せよ、と叫《さけ》びかけながら、家康《いえやす》は邪魔《じゃま》になる腰《こし》の刀《かたな》を引《ひ》き抜《ぬ》こうとした。

「……！」

だがその時《とき》。無造作《むぞうさ》につかんだその刀《かたな》に目《め》をやり、ハッとなる。

それは、左文字《さもんじ》だった。

今川義元《いまがわよしもと》から織田信長《おだのぶなが》に渡《わた》り、太閤秀吉《たいこうひでよし》の手《て》を経《へ》て家康《いえやす》にもたらされた、あの刀《かたな》。

そうだった。この日《ひ》にもっともふさわしい刀《かたな》として、家康《いえやす》はこれを携《たずさ》えてきたのだ。

義元《よしもと》の、信長《のぶなが》の、秀吉《ひでよし》の笑《わら》い声《ごえ》が聞《き》こえた。家康《いえやす》をあざ笑《わら》う声《こえ》。

『おまえは結局《けっきょく》、三河《みかわ》の小《こ》せがれよ。ここで死《し》ぬなら死《し》ねばよい』

『おまえもわしらと同《おな》じ。人《ひと》を蹴散《けち》らし踏《ふ》みつけにしてのし上《あ》がり、志半《こころざしなか》ばで死《し》んでいくのだ。同《おな》じ地獄《じごく》へ落《お》ちるのだ』

『天下《てんか》のためなどときれい事《ごと》を言《い》うな。おまえも所詮《しょせん》は我《わ》が身《み》が可愛《かわい》いだけではないか』

——そのとたん、頭《あたま》の中《なか》が、すーっと冷《ひ》えていく気《き》がした。

（……いや……わしは、まだ死《し》ねぬ……）

行《い》く先《さき》は同《おな》じ地獄《じごく》だとしても。そしてその時《とき》はおそらく、そう遠《とお》くないとしても。

この戦《いくさ》の始末《しまつ》だけは、自分《じぶん》がつけなければならぬ。

大坂城《おおさかじょう》に集《あつ》まった戦国《せんごく》の夢《ゆめ》。いくさびとの亡霊《ぼうれい》。

それをこの手《て》で根絶《ねだ》やしにしなければならない。

それが、最後《さいご》の戦国大名《せんごくだいみょう》としての、家康《いえやす》のけじめというものだ。

家康《いえやす》は、左文字《さもんじ》の刀《かたな》を地面《じめん》に突《つ》き立《た》てると、それを支《ささ》えにして立《た》ち上《あ》がった。そして、再《ふたた》び馬《うま》によじ登《のぼ》る。

「わしはここじゃ！　陣《じん》を立《た》て直《なお》せ！」

腹《はら》の底《そこ》から声《こえ》を出《だ》したのは何年《なんねん》ぶりだろうか。家康《いえやす》に気《き》づいた家臣《かしん》たちが、慌《あわ》てて集《あつ》まってくる。

「敵《てき》を小勢《こぜい》と侮《あなど》ってはならぬ！　小勢《こぜい》なればこそ、ひとりひとりが死《し》にものぐるいなのじゃ！　数《かず》を頼《たの》みにしていては負《ま》けるぞ！」

『そのとおりでございます。それでこそ我《わ》が殿《との》！』

遠《とお》くから、酒井忠次《さかいただつぐ》の声《こえ》が聞《き》こえた気《き》がした。

『殿《との》のために戦《たたか》い、殿《との》のために死《し》ぬのが、我《われ》ら本多《ほんだ》の誇《ほこ》りでござる』

『殿《との》の仏罰《ぶつばち》はすべてこのわたしが引《ひ》き受《う》けますするぞ』

本多忠勝《ほんだただかつ》も、榊原康政《さかきばらやすまさ》も笑《わら》っている。

『さあ、もう一息《ひといき》でございます！　我《われ》ら井伊《いい》の赤備《あかぞな》え隊《たい》も、鬼《おに》となって戦《たたか》いまする』

井伊直政《いいなおまさ》に背中《せなか》を押《お》されたようで、家康《いえやす》は馬上《ばじょう》ですっくと姿勢《しせい》を正《ただ》し、前方《ぜんぽう》を見据《みす》えた。

今《いま》もまだ、真田隊《さなだたい》の突撃《とつげき》は続《つづ》いている。だが、さすがに、ここまで斬《き》りこんでくるだけの勢《いきお》いはもうない。

家康《いえやす》の馬印《うまじるし》が倒《たお》されたのも幸《さいわ》いした。おそらく信繁《のぶしげ》は、家康《いえやす》を見失《みうしな》っている。

「井伊隊《いいたい》、榊原隊《さかきばらたい》、おくせず前《まえ》へ出《で》よ！　そなたらの父《ちち》は常《つね》に先鋒《せんぽう》であったぞ！」

家康《いえやす》のかたわらに、「厭離穢土欣求浄土《おんりえどごんぐじょうど》」の御旗《みはた》が押《お》し立《た》てられた。

「この旗《はた》のあるところが本陣《ほんじん》じゃ！　わしはここじゃ！　まだ負《ま》けはせぬ！」

遠《とお》い日《ひ》に、この旗《はた》に誓《ちか》った、戦《いくさ》のない世界《せかい》は、もう目《め》の前《まえ》にある。

黒地《くろじ》に白《しろ》く「五」の字《じ》を染《そ》め抜《ぬ》いた、家康《いえやす》の使番《つかいばん》の旗指物《はたさしもの》がいっせいに動《うご》きだす。統制《とうせい》を失《うしな》いかけていた幕府軍《ばくふぐん》が、次第《しだい》に勢《いきお》いを盛《も》り返《かえ》してきた。

「押《お》し返《かえ》せ！　鉄砲《てっぽう》を撃《う》ちかけよ！　槍《やり》は前《まえ》を守《まも》れ！」

それが――潮《しお》の変《か》わり目《め》だった。

陣《じん》が整《ととの》い、士気《しき》が戻《もど》った幕府軍《ばくふぐん》の反撃《はんげき》にあい、真田隊《さなだたい》はちりぢりとなり、その他《ほか》の生《い》き残《のこ》った兵《へい》たちも、大坂城内《おおさかじょうない》へと撤退《てったい》していった。

＊

やがて夕刻《ゆうこく》――大坂城《おおさかじょう》から火《ひ》の手《て》が上《あ》がった。

秀頼《ひでより》の正室《せいしつ》で家康《いえやす》の孫《まご》である千姫《せんひめ》は、侍女《じじょ》たちとともに数人《すうにん》の侍《さむらい》に守《まも》られ、城《しろ》から落《お》ち延《の》びてきた。

秀頼《ひでより》の助命嘆願《じょめいたんがん》を託《たく》されて城《しろ》を出《だ》されたようだったが、それはもう、彼女《かのじょ》を逃《に》がすための方便《ほうべん》だったのだろう。

秀頼《ひでより》と淀《よど》の方《かた》は城《しろ》に残《のこ》り、炎《ほのお》の中《なか》で命《いのち》を絶《た》った。

真田信繁《さなだのぶしげ》の首《くび》も、家康《いえやす》の元《もと》に運《はこ》ばれてきた。

大坂方《おおさかがた》の、名《な》のある武将《ぶしょう》はみな死《し》んだという。


夏《なつ》の長《なが》い日《ひ》が落《お》ちたあとも、大坂城《おおさかじょう》は燃《も》え続《つづ》けた。

夜空《よぞら》を焦《こ》がし、赤々《あかあか》と火《ひ》の粉《こ》をまき散《ち》らし、巨大《きょだい》な天守《てんしゅ》が崩《くず》れ落《お》ちていく。

家康《いえやす》は、陣《じん》を払《はら》うように命《めい》じたあとも、見晴《みは》らしのいい高台《たかだい》の上《うえ》に立《た》ち、じっとそれを見上《みあ》げていた。

「大御所《おおごしょ》さま。危《あぶ》のうございます」

本多正純《ほんだまさずみ》が袖《そで》を引《ひ》いたが、家康《いえやす》は首《くび》を横《よこ》に振《ふ》った。

「見届《みとど》けねばならぬのだ。それがわしの役目《やくめ》じゃ」

それは、百年続《ひゃくねんつづ》いた戦国《せんごく》の世《よ》の終《お》わりを告《つ》げる、最後《さいご》の炎《ほのお》だった。

翌年《よくとし》、家康《いえやす》は七十五歳《さい》の生涯《しょうがい》を閉《と》じた。

彼《かれ》が作《つく》り上《あ》げた徳川幕府《とくがわばくふ》は、二百六十年《ひゃくねん》あまりの太平《たいへい》の世《よ》を実現《じつげん》した。

江戸《えど》の町《まち》には百万《ひゃくまん》を超《こ》える人々《ひとびと》が集《つど》い、豊《ゆた》かな文化《ぶんか》が花開《はなひら》き――

そして今《いま》も、東京《とうきょう》と名《な》を変《か》えて、繁栄《はんえい》を続《つづ》けている。

おわり

徳川家康《とくがわいえやす》 年表《ねんぴょう》

※年齢《ねんれい》は数《かぞ》え年《どし》です

西暦《せいれき》［元号《げんごう》］（年《ねん》）	年齢《ねんれい》	家康《いえやす》の歴史《れきし》	日本《にっぽん》のできごと
一五四二［天文《てんぶん》十一］	1	三河国《みかわのくに》（いまの愛知県東側《あいちけんひがしがわ》）に松平広忠《まつだいらひろただ》の長男《ちょうなん》として生《う》まれる。	
一五四三［天文《てんぶん》十二］	2		種子島《たねがしま》に鉄砲《てっぽう》が伝《つた》わる。
一五四七［天文《てんぶん》十六］	6	尾張国《おわりのくに》（いまの愛知県西側《あいちけんにしがわ》）を治《おさ》める織田家《おだけ》の人質《ひとじち》になる。	
一五四九［天文《てんぶん》十八］	8	駿河国《するがのくに》（いまの静岡県東側《しずおかけんひがしがわ》）の今川義元《いまがわよしもと》の人質《ひとじち》になる。	フランシスコ・ザビエルがキリスト教《きょう》を広《ひろ》める。
一五五五［天文《てんぶん》二四］	14	元服《げんぷく》して「松平元信《まつだいらもとのぶ》」、後《のち》に「松平元康《まつだいらもとやす》」と名乗《なの》る。	
一五五七［弘治《こうじ》三］	16	今川義元《いまがわよしもと》の姪《めい》、瀬名姫《せなひめ》（築山御前《つきやまごぜん》）と結婚《けっこん》する。	
一五六〇［永禄《えいろく》三］	19	今川義元《いまがわよしもと》が亡《な》くなり、今川家《いまがわけ》から独立《どくりつ》。	織田信長《おだのぶなが》が「桶狭間《おけはざま》の戦《たたか》い」で今川義元《いまがわよしもと》を破《やぶ》る。
一五六二［永禄《えいろく》五］	21	「清州同盟《きよすどうめい》」で織田信長《おだのぶなが》と同盟《どうめい》を結《むす》ぶ。	
一五六四［永禄《えいろく》七］	23	三河国一向一揆《みかわのくにいっこういっき》が起《お》こり、家臣《かしん》の多《おお》くが離反《りはん》（二年後《ねんご》に平定《へいてい》）。	
一五六六［永禄《えいろく》九］	25	名前《なまえ》を「徳川家康《とくがわいえやす》」に改《あらた》める。	
一五七〇［元亀《げんき》元］	29	「姉川《あねがわ》の戦《たたか》い」で織田信長《おだのぶなが》と共《とも》に浅井長政《あざいながまさ》・朝倉義景連合軍《あさくらよしかげれんごうぐん》と戦《たたか》う。	
一五七二［元亀《げんき》三］	31	「三方ヶ原《みかたがはら》の戦《たたか》い」で武田信玄《たけだしんげん》と戦《たたか》い敗北《はいぼく》。	
一五七三［天正《てんしょう》元］	32		足利義明《あしかがよしあき》が追放《ついほう》され、室町幕府《むろまちばくふ》が滅亡《めつぼう》する。

一五七五［天正《てんしょう》三］	34	「長篠《ながしの》の戦《たたか》い」で織田信長《おだのぶなが》と共《とも》に武田勝頼《たけだかつより》を破《やぶ》る。	
一五七九［天正《てんしょう》七］	38	嫡男《ちゃくなん》・松平信康《まつだいらのぶやす》を切腹《せっぷく》させる。	
一五八二［天正《てんしょう》十］	41	織田信長《おだのぶなが》と共《とも》に武田勝頼《たけだかつより》を滅《ほろ》ぼす。 「本能寺《ほんのうじ》の変《へん》」の後《あと》、明智軍《あけちぐん》に追《お》われ駿府《すんぷ》に逃《に》げ帰《かえ》る（伊賀越《いがご》え）。	「本能寺《ほんのうじ》の変《へん》」で織田信長《おだのぶなが》が明智光秀《あけちみつひで》に殺《ころ》される。 「山崎《やまざき》の戦《たたか》い」で羽柴秀吉《はしばひでよし》が明智光秀《あけちみつひで》を破《やぶ》る。
一五八四［天正《てんしょう》十二］	43	「小牧《こまき》・長久手《ながくて》の戦《たたか》い」で羽柴秀吉《はしばひでよし》と戦《たたか》う。	
一五八六［天正《てんしょう》十四］	45	豊臣秀吉《とよとみひでよし》の妹《いもうと》・朝日姫《あさひひめ》と再婚《さいこん》。 大坂城《おおさかじょう》を訪問《ほうもん》し、豊臣秀吉《とよとみひでよし》の臣下《しんか》になる。	
一五九〇［天正《てんしょう》十八］	49	「小田原城攻《おだわらじょうぜ》め」に参加《さんか》する。 豊臣秀吉《とよとみひでよし》の命《めい》で本拠地《ほんきょち》を関東地方《かんとうちほう》に移《うつ》す。	豊臣秀吉《とよとみひでよし》が天下統一《てんかとういつ》を果《は》たす。
一五九二［文禄《ぶんろく》元］	51		（〜一五九七）文禄《ぶんろく》の役《えき》・慶長《けいちょう》の役《えき》（二度《にど》の朝鮮侵攻《ちょうせんしんこう》）。
一五九八［慶長《けいちょう》三］	57	豊臣政権《とよとみせいけん》の元《もと》で五大老《ごたいろう》に就任《しゅうにん》する。	豊臣秀吉《とよとみひでよし》が亡《な》くなる。
一六〇〇［慶長《けいちょう》五］	59	「関ヶ原《せきがはら》の戦《たたか》い」で石田三成《いしだみつなり》を破《やぶ》り、天下人《てんかびと》になる。	
一六〇三［慶長《けいちょう》八］	62	征夷大将軍《せいいたいしょうぐん》に任命《にんめい》され、江戸幕府《えどばくふ》を開《ひら》く。	
一六〇五［慶長《けいちょう》十］	64	徳川秀忠《とくがわひでただ》に征夷大将軍職《せいいたいしょうぐんしょく》をゆずり、大御所《おおごしょ》になる。	
一六一四［慶長《けいちょう》十九］	73	「方広寺鐘銘事件《ほうこうじしょうめいじけん》」により「大坂冬《おおさかふゆ》の陣《じん》」を起《お》こす。	
一六一五［慶長《けいちょう》二十］	74	「大坂夏《おおさかなつ》の陣《じん》」で豊臣家《とよとみけ》を滅《ほろ》ぼす。	
一六一六［元和《げんな》二］	75	病気《びょうき》で亡《な》くなる。	

参考文献

「現代語訳 徳川実紀 家康公伝」一〜五 大石学／佐藤宏之／小宮山敏和／野口朋隆 編（吉川弘文館）
「現代語訳 信長公記」太田牛一／中川太古 訳（新人物文庫）
「現代語訳 三河物語」大久保彦左衛門／小林賢章 訳（ちくま学芸文庫）
「駿府の大御所 徳川家康」小和田哲男（静新新書）
「徳川家康大全」小和田哲男（KKロングセラーズ）
「阿茶局」白嵜顕成／田中祥雄／小川雄（文芸社）
「マンガで読む戦国の徳川武将列伝」すずき孔（戎光祥出版）
「徳川を支えた最強家臣」（ジーウォーク）
「家康を支えた三河武士　本多忠勝・井伊直政」市橋章男（正文館書店岡崎）
「地政学でよくわかる！ 信長・秀吉・家康の大戦略」（コスミック出版）
「図解戦国史　大名勢力マップ詳細版」（Standards）
「図解！ 戦国の陣形」別冊歴史ＲＥＡＬ（洋泉社ＭＯＯＫ）
「鷹の師匠、狩りのお時間です！」ごまきち（星海社）

——他多数